我们的美丽家园
中国乡村振兴故事

WOMEN DE MEILI JIAYUAN
ZHONGGUO XIANGCUN ZHENXING GUSHI

中国农网——编

生态宜居篇

SHENGTAI YIJU PIAN

黄山书社

图书在版编目（CIP）数据

我们的美丽家园：中国乡村振兴故事 . 生态宜居篇 / 中国农网编 . — 合肥：黄山书社，2021.7
ISBN 978-7-5461-6530-1

Ⅰ . ①我… Ⅱ . ①中… Ⅲ . ①农村—小学—社会主义建设—中国—文集 Ⅳ . ① F320.3-53

中国版本图书馆 CIP 数据核字（2021）第 155523 号

我们的美丽家园——中国乡村振兴故事·生态宜居篇 中国农网 编

出 品 人 贾兴权
责任编辑 秦矿玲 程 溪
责任印制 李 磊
封面供图 王华斌
装帧设计 有品堂_刘 俊 张俊香
出版发行 时代出版传媒股份有限公司（http://www.press-mart.com）
黄山书社（http://www.hspress.cn）
地址邮编 安徽省合肥市蜀山区翡翠路 1118 号出版传媒广场 7 层 230071
印 刷 安徽联众印刷有限公司
版 次 2022 年 1 月第 1 版
印 次 2022 年 1 月第 1 次印刷
开 本 700mm × 1000mm 1/16
字 数 120 千字
印 张 8.5
书 号 ISBN 978-7-5461-6530-1
定 价 36.80 元

服务热线 0551-63533706
销售热线 0551-63533761
官方直营书店（https://hsss.tmall.com）

唱响三农声音，讲好振兴故事

我们有幸赶上一个伟大的时代。经过数十年的改革发展和持续八年的攻坚作战，我国彻底解决了绝对贫困问题，党和国家三农工作重心历史性转向全面推进乡村振兴，这既是中国三农发展的崭新方位，也是全面建设社会主义现代化国家的紧迫课题。

新闻是历史的底稿。作为新闻工作者，昂首走进乡村振兴新时代，心潮澎湃、倍感振奋。如何进一步唱响三农声音，讲好乡村振兴故事，是每一位三农新闻人的职责使命。一方面，我们要当好中国乡村振兴事业的见证者和记录者，把波澜壮阔的振兴过程镌刻进史册、呈现给世界；另一方面，我们还要当好全面推进乡村振兴、加快农业农村现代化的参与者和推动者，为全面建成社会主义现代化国家提供坚实舆论支撑。这就要求我们必须始终以习近平新时代中国特色社会主义思想为指引，不断强化责任担当，全力提升融合本领，持续唱响三农声音，努力讲好乡村振兴故事。

讲好乡村振兴故事，要着力展现时代精神。乡村振兴不仅是亿万农民的真切期盼，更是全面建设社会主义现代化国家、实现中华民族伟大复兴的必然要求。党带领亿万农民奋力投身乡村振兴事业，这是当代中国最动人的时代篇章。讲好乡村振兴故事，关键在于弘扬时代精神。为此，我们要大力宣传各级党组织和党员干部带领人民苦干实干、逐梦振兴的生动实践，深刻总结各地推进乡村振兴、促进三农发展的宝贵经验，努力发掘乡村振兴事业激励人、鼓舞人的精神力量，为全面推进乡村振兴提供思想启迪和精神营养。

讲好乡村振兴故事，要不断彰显乡村价值。我国是农业大国，有着几千年的农耕文明。农业是中国发展的基石，农村是中国崛起的底色，农民是中国复兴的主力。讲好乡村振兴故事，一定要讲清说透三农在新发展阶段的基础作用和独特价值，引导社会各界深刻认识乡村振兴之于民族复兴的重要意义，不遗余力地向全社会宣传三农、展示三农、礼赞三农，不断提升三农的美誉度和影响力，在全社会营造重农强农、爱农支农的良好氛围。

讲好乡村振兴故事，要持续创新方式方法。乡村振兴既是国家战略，也是发生在田间地头、百姓身边的大事小情。讲好乡村振兴故事，最主要的传播对象是三农战线干部群众，他们长年活跃在广袤的乡土大地，是最接地气的一群人。这就决定了在表达方式和呈现形式上，必然是与时俱进、生动活泼的。为此，我们要树立用户思维，适应多元群体的接受习惯，用好群众语言，突出暖色调、人情味和烟火气，让振兴故事不仅入眼入耳，更要入脑入心，真正为人民群众所喜闻乐见。

蓝图既绘，梦想可期。在逐梦振兴的新征程上，三农新闻人要用好手中的笔，当好见证者、书写者和推动者，砥砺前行、不负韶华，努力讲好中国特色的乡村振兴故事，为实现全面振兴的乡村梦、伟大复兴的中国梦贡献积极力量。

何兰生

2021.10.16

目 录

河南孟津：

乡村振兴谱新篇，村靓民富生态美

走进现在的河南省孟津县，一座座清新典雅的村庄映入眼帘，白墙红瓦的乡村别墅鳞次栉比，平坦整洁的乡村道路边绿树成荫，村里散落着形态各异的小游园，配套齐全的文化广场上处处是群众休闲娱乐的身影，遍布田野的农业园区形成以温室大棚为主的连片蓝色“海洋”……这一切演绎出生态美好、文化浓郁、产业兴旺的乡村振兴协奏曲。

孟津县地处美丽的黄河之滨，如今，涌现出魏坡、马岭、半坡、明达、卢村等一大批独具特色的乡村振兴“明星村”。2020 年初，孟津县作为“全国村庄清洁行动先进县”被中央农办、农业农村部通报表扬。不久，孟津县又获“河南省乡村振兴战略示范县”荣誉称号。

◇孟津一瞥

“村庄清洁行动”让村庄面貌靓起来

“以前，村里到处是垃圾坑、臭水沟、柴火堆、破猪圈。一到夏天村里就臭气熏天。这两年我们村建起了污水处理站，家门口不仅有了小游园，而且把路也修好了。如今，我们村美得很，不比城里差！”孟津县常袋镇马岭村村民谢青玲对村子的变化赞不绝口，言语中透着满满的自豪感。

近年来，孟津县围绕“四美乡村”建设要求，按照“村里村外不见垃圾，房前屋后见缝插绿，厕所污水一并治理，清洁家园人人出力”的工作思路，不断提升全域生态文明建设水平，在做好村庄立面美化改造和拆除违建房、危险房、偏杂房、闲置房的同时，实施“见缝插绿”、动员“拆墙透绿”、推进“拆违建绿”、落实“应

◇整洁孟津

绿还绿”，推动农村人居环境“蝶变”。

孟津县把农村生活垃圾歼灭战、农村生活污水攻坚战、农业面源污染防治战作为打赢实施乡村振兴战略这场硬仗的突破口，结合每周五“清洁家园日”活动，组织人员对全县村庄、道路沿线积存的垃圾进行全面排查。孟津县还先后投资 2500 万元，按照农户分类投放、镇村监督指导、公司收集转运的城乡环卫一体化模式，建成 16 个镇级垃圾中转站、1 个农村生活垃圾转运县级调度指挥中心和 10 个镇级服务中心，实现村级垃圾中转站点全覆盖。在垃圾清零行动的基础上，2020 年创建了垃圾分类试点村 66 个，初步实现农村垃圾减量化、资源化目标。

小厕所，大民生。孟津县扎实推进农村“厕所革命”，以扩面、增量为目标，加快补齐影响群众生活品质的短板。因地制宜选择改厕模式，探索实践了以水冲式为主，以集中收集粪污模式为辅，兼顾三格式、双瓮漏斗式厕污同治的路径，先后分两批在全县 76 个村推进管网式改厕，取得良好效果，经验做法被全省推广。全县累计改建水冲式厕所 3.6 万座，改厨、改浴同步覆盖率 85% 以上。如今，旱厕不见了，空气清新了，蚊蝇减少了。“厕所革命”，让方便方便了。

“创新文化服务”让村民生活丰富起来

孟津县朝阳镇魏家坡村的农家书屋里，书架上各种门类的图书一应俱全。书屋里有学生，有农闲后的村民……阅读氛围浓厚。“老伙计们没事的时候，就喜欢到这里待着，这里的书对我帮助很大。”村里牡丹种植致富带头人魏安民站在书柜前，一边抽出一本《农业百科》一边笑着说。

朝阳镇将文化大院和农家书屋建设纳入民生工程。目前，全镇已建成 30 多个农家书屋，收藏图书 5 万多册。依托农家书屋开展培训、讲座等活动，定期组织形式多样的征文比赛、演讲比赛，还邀请种养大户或致富带头人现身说法，引领村民学知识、学技能。

孟津县在全县农村实施以每个村建一个乡贤标志、一个文化广场、一个主题游园、一条文化街道、一个村民办事服务中心为内容的“五个一”龙头工程，开辟了一条在农村培育、传播文明新风的新途径。目前，已建成新时代文明实践中心（所、站）39 个、家风家训展示馆 22 个、主题游园 132 个、乡村阅报栏 300 多个。

◇孟津县农村文化广场

如今，孟津县村级文化广场、文化大院、农家书屋、文化信息资源共享工程已经成为美丽乡村建设的标配，实现了村村全覆盖。同时，还持续实施了文化惠民工程，对民间文艺进行保护传承，建起戏曲、秧歌、排鼓、舞狮、旱船等文艺队500余支，成功申报了国家级传统村落5个、省级传统村落8个。

"农文旅融合"让产业兴旺起来

空中西瓜、水培蔬菜、无土草莓、多肉盆景……在孟津县京孟种植专业合作社的十里香草莓种植总基地，这些都不足为奇。

京孟种植专业合作社在送庄镇朱寨村流转土地1250多亩，并从2009年的单一草莓种植发展到现在三季有花、月月有果，成为集旅游、观光、采摘于一体的现代休闲农业观光园区，合作社通过"公司+合作社+基地+农户"的模式，带动周边多个乡镇5000余人实现家门口就业，176户贫困户成功脱贫。拥有500亩以上集旅游、观光、采摘于一体的农业文化产业园区52个，形成了万亩鱼塘荷塘、万亩苗木花卉、万亩林果蔬菜等一批"万字号"农业观光基地，年接待观光客近百万人次。

京孟种植专业合作社只是孟津县"农文旅融合"的一个缩影。孟津县按照"让每一寸土地都有景观，每一个村庄都成风景"的全域乡村旅游发展理念，广泛整合农业园区、田园美景、生态风光、林果花海、黄河湿地等资源，鼓励各镇、村结合本地区位、产业、文化和自然条件等突出地域特色，打

◇农业观光园区

◇绿色孟津

造美丽乡村，相继建成庙护、梁凹、马岭、南石山、魏家坡等一批以民俗文化、生态文化、历史文化为主题的示范村。梁凹村、马岭村分别入选“全国文明村”“第二届中国美丽乡村百佳范例”。

“近年来，孟津县按照‘产业兴旺、生态宜居、乡风文明、治理有效、生活富裕’的总要求，围绕‘产业振兴、人才振兴、文化振兴、生态振兴、组织振兴’五大任务，以实施乡村振兴示范镇、乡村振兴示范村为突破口，示范引领，试点先行，统筹推进全县乡村振兴工作，努力打造乡村振兴的‘孟津样板’，积极描绘现代版的乡村‘富春山居图’。”孟津县委书记杨劭春介绍道。

孟津县“立足清、聚焦保、着力改、促进美”，将村庄清洁行动与治理农村生活垃圾、绿化美化村庄、发展乡村产业、建设文明乡风等有机结合起来，不断促进“外在美”向“内在美”转变，村庄持续“拆四房”，河渠重点“清四乱”，不仅留得住乡愁，还看得见发展，乡村颜值和气质不断提升，“绿树村边合，青山郭外斜”的美丽画卷正在孟津大地上徐徐铺展开来。

陈显萍　郑占波／文

西藏柳梧：

高原古村添新景

“那是一条神奇的天路，带我们走进人间天堂……”青藏铁路的通车让西藏迈入了发展快车道。而位于青藏铁路终点的拉萨柳梧新区，乡村环境之变更是有目共睹。

短短10余年，柳梧新区已由原先隶属于拉萨堆龙德庆区的柳梧村，逐步发展为辖区面积达42平方千米的新兴城市。从之前的荒芜之地，到如今拉萨的副中心城市，农村人居环境整治让柳梧新区朝气蓬勃，犹如高原初升的太阳璀璨夺目。

西藏自治区党委副书记、人大常委会主任、农村工作领导小组组长洛桑江村说：“西藏最大的发展不平衡是城乡发展不平衡，最大的发展不充分是农牧区发展不充分。”而推进农村人居环境整治，建设美丽宜居乡村无疑是破解发展不平衡不充分的重要一环。

一座新城平地起

“现在大马路修到家门口，出门就是市区。”柳梧村村民巴桑说。柳梧村位于群山脚下，巴桑家世代居住于此，对于柳梧新区的发展，他是看在眼里，喜上心头。随着柳梧新区扩建、基础设施改造，之前偏僻的柳梧村已纳入新区整体规划。据巴桑回忆，10多年前，这里就只有孤零零的火车站和边上立着的几栋楼，旅客下了火车大多直接打车去了市区。

“那两年刚开家庭旅馆时，周边什么配套设施都没有，住宿的客人非常少。”巴桑说。他当时家里四间房子有两间是家庭旅馆，而经过旧房改造，前年新建了一栋四层小楼。除了房租，儿子、儿媳妇都在新区找了工作，自己年纪大了，就负责在家带孙子。

一座小村庄，如今大变样。“还是城里生活方便，你看，出门拐角就是药房，右边就是超市，没事我就带着孙子坐公交车去游乐场。”巴桑说，过去牛粪和稀泥遍地、臭味满天飞的情况再也没有了，现在柏油路通到家门口，出门就有公交车，晚上灯火通明。

一座新城平地起，居民百姓尽开颜。据拉萨市住建局城建科科长王震介绍，柳梧新区建设重在基础设施建设和城区规划。在基础设施建设方面，不仅考虑到了交通、给排水、电力、通信等工程，还考虑到了污水、雨水、燃气、供热等。在整体建设方面，不仅充分考虑到了当地人的传统生活习惯、气候特点以及对居住环境的特殊要求，继承和创新并重，建设出具有浓郁地方特色的现代化新城区，还结合察巴湿地、中心花园、沿河绿化带建设林卡，创造人与自然和谐共生的优美环境。

三分建，七分管。经过10余年建设，柳梧新区已形成纵横交错的交通网，50余条大小道路，连接着各城市功能区和城乡接合部，更延伸至周边村庄，整齐划一的路灯在夜间闪烁着柔和的光芒，与城市夜景交相辉映。

走在柳梧新区的道路上，很少能够发现落叶、烟头等垃圾，连沙尘都很少，这得益于完备的垃圾收集转运处置体系。在柳梧，几乎每公里都有一名保洁员，每200米设一个垃圾箱，收集的垃圾送往垃圾转运站，并在这里经过分类、压装，当天就能全部送往垃圾填埋场和垃圾焚烧发电厂进行处置。

巴桑的儿媳妇琼达就是柳梧新区的环卫工人。她说："我们基本上都是本村的农牧民，每天打扫，就像爱护自己的家一样。"

绿化和环卫用水也不用愁，因为新区有自己的污水处理中心，污水经过多道程序处理转化为中水，成为环卫和绿化用水。

新城的新在柳梧新区得到了充分体现。新在规划建设上，基础建设扎实，功能区划规划合理，北组团依托火车站，形成商业金融区，中组团定位于科教文化，拉萨市体育场、体育馆和牦牛文化博物馆均坐落于此；新在环境保护上，从绿化到环卫再到污水处理，既考虑人与自然和谐，也考虑废弃资源循环利用；新在城乡融合上，不只是让行政区划融入城市版图，更让农牧民生产生活融入其中，让他们享受到更好更公平的社会公共服务。

荒山添绿惠农民

"环境立市"首要的就是树上山，"绿色围城"、南北环线绿化和南山绿化等工程，成效已经显现。如今的拉萨，山上的植被逐渐多起来，气候更加宜人，雨量更加充沛，环境更加优美。

满城添绿，柳梧新区的绿化兼顾城区主次干道、高速沿线、聚居村落、商业小区等，并根据依山傍水的地理环境，从拉萨河沿岸到南山，打造阶梯式绿化。从城区南望，郁郁葱葱，入眼皆绿。沿着机场快速路，湿地、草地、绿树与一块块青稞田相得益彰，向两旁山脚延伸。林间不时可见几顶帐篷，大多是各村组的集体林卡。这里利用优美的自然环境，将生态优势转化为经济收益。

桑达村三组的集体林卡就在离村不远的小湖旁，紧挨着一片柳树林。2010年村集体投入6万元，购置了帐篷、生活用品等，建起了一个只有不到10顶帐篷的林卡区，并不断组织村民植树、管护。由于地理位置优越、环境优美，经过几年发展，这里已经成为周边颇有名气的旅游好去处。“每到周末，这里就游客爆满，这片林卡可是我们的聚宝盆。”桑达村三组村民多吉说。依托绿色发展，林卡经济在为村民带来可观收入的同时，也催生了村民们对生态保护的重视，以前村民们随意伐树烧柴，现在只盼着种下去的每棵树都能茁壮成长；以前村民们随意放牧割草，现在盯着牲畜，不让它们进入林卡区，怕破坏草坪。

在南山山坳，如今有一个休闲好去处——鹏矗公园。位于柳梧新区西部的鹏矗公园，与布达拉宫隔河相望。几年前，这里不仅植被稀少，更是脏乱差的管理盲区。风吹过，黄沙久久不散。经过几年的努力，通过人工造林，这里已成活植株20余万株，郁郁葱葱、高矮不一的树木延伸到了半山腰，形成了拉萨周边最大的林地。在人工林的基础上，通过引水造湖、景观打造，形成山水湖林草一体的综合休闲旅游地。从公园入口沿着密林中的山路向上，人造瀑布从山腰变为潺潺溪流，最后汇聚在公园入口处的倒映湖里，湖边五颜

◇柳梧新区民居（图片来源：拉萨市人民政府网站）

六色的格桑花沐浴着阳光，湖上的原木小桥不经雕饰，在一排排玛尼堆的映衬下给人一种返璞归真的感觉。沿着栈道登高远眺，绿的树、清的湖、奔腾的拉萨河尽收眼底，河的那边耸立着庄严肃穆的布达拉宫，呈现出一幅生态和谐、生机勃勃的画面。

绿色让城市更优美，让城市更和谐，也让农牧民分享绿色带来的成果。穷达本来是周边农牧民，靠两亩薄田、几头牦牛艰难度日。在南山绿化工程实施时，他和阿爸就开始在园林公司搬运树苗、看守仓库，耳濡目染也学了一些苗木保存、管护的常识。公园开建时，他们是第一批参与建设的农牧民。除了运输苗木，他们还负责几千株树苗的日常管护，现在对浇水、施肥、剪枝等工序样样在行。看着一棵棵苗木越长越大，越长越高，他们眼中是掩饰不住的喜悦："就像照顾孩子一样照顾着每棵树，死掉一棵心里都不舒服。"绿色是生命的颜色，在高原更显珍贵。现在穷达已经是鹏矗公园的管理员，负责入园检查和登记："树上山，要让整个南山都绿起来。山绿起来，生活也就美起来了。"一家人生活也从衣食无源到衣食无忧，穷达开始张罗娶媳妇的事了。

生态宜居兴古村

沿着机场快速路前行 10 多千米，达东村就在路旁，进村的标识很显眼，也很有特色，木制大门古色古香，挂着“中国美丽休闲乡村·历史古村”“中国最美村镇”“全国生态文化村”等五六块牌子。在西藏，有山有水有树的地方就是好地方，达东村就符合这个条件。它坐落在山边谷地，溪流密布，绿树成林，红顶白墙的藏式传统建筑错落有致，环境之优美，风景之宜人，令人不觉惊叹，在拉萨乃至整个藏中，达东村的环境都属上乘。

几年前的达东村却是另一番情景。这里曾是拉萨有名的贫困村，全村 218 户，贫困户就有 50 多户。远在深沟，交通不便，落后闭塞；耕地分散，人均耕地少；以传统农牧业为主，产业结构单

◇达东村入口（图片来源：拉萨市人民政府网站）

一，农牧民收入少……也正是因为环境闭塞，全村建筑得以较好地保存下来，百年老屋比比皆是。2015 年底，以域上和美集团、达东村委会、柳梧城投公司为主体，柳梧新区达东村村容村貌整治暨扶贫综合（旅游）开发项目正式启动，建设水电路网等基础设施，进行古物修缮、墙壁粉刷、旱厕改水厕、整村绿化等，使达东村人居环境和村容村貌得到明显改善，产业结构更多元，农牧民融入产业发展，见了实惠，增收明显，全村已整体脱贫。

初进达东村，两旁广阔的青稞田镶嵌着一块块金黄的油菜花，将之分隔开来的是两排原木色篱笆夹着的水泥路，郁郁葱葱的古树护持在道路两旁。路的尽头，藏式民宿依稀可见。在蓝天白云下，愈加显现出纯正古朴的藏文化元素。沿路前行，灌渠密布，流水潺潺，绿柳成荫，牛羊漫步，青的山、绿的草、金黄的油菜花、清澈见底的水、漫步在田间地头的牛羊，俨然一处令人心驰神往的世外桃源。道路旁，三五成群的农牧民忙完各自的活儿后，仍不忘把道路旁的杂

◇达东村漫山遍野的油菜花（图片来源：拉萨市人民政府网站）

草拔上一把、路上的垃圾堆拢一下。等到村里保洁员的垃圾车过来了，大家又一起把杂草、垃圾送上车。

拉姆次仁是达东村土生土长的村民，村子刚刚开发时，她就应聘了保洁员的职务。说起村子环境卫生的改善，她感触很深："那个时候全是泥巴路，下点雨都没法出门，泥巴和着牛粪味道太大了，也没有下水道，用过的脏水只有倒在路上。现在家家有马桶，水一冲就干净，什么味道都没了。"通过村容村貌改造，全村 40 多千米长的泥水路变成了水泥路，供排水管网通到每家每户，218 户民居全部修缮一新，家家户户用上了太阳能，旱厕改成了水厕，还配套建设了 10 座化粪池。方圆 4 千米的村子，配备了 21 名保洁员。拉姆次仁特别满意的是，她可以一边工作，一边照顾家庭。

达东村的水系建设也是多重兼顾的，生活用水和生产用水都为山泉水。山泉水在村子上游分流了，一部分直接用于农田灌溉、水渠用水；一部分通过投入数百万元修建蓄水池、过滤净化系统，连接至每家每户；另一部分用于整村水系、水景打造，沿古水系顺山而下。三条水道又在村子中游汇聚，形成了"洗马池"景观。柳梧新区城投公司的扎西平措说："之所以选择在这里让水流汇聚起来，主要是考虑村子耕地多在下游，生活用水经过处理能够和生产用水合流，对下游灌溉用水起到调剂作用。"

依托丰富的水资源，达东村依山傍水建了一个有 50 多顶帐篷的林卡休闲区。达东村林卡已成为拉萨旅游的一张名片。

48 岁的益西伦珠祖祖辈辈在达东村生活，他说："以前我走山路到村委会要一个小时，现在路好了，骑电动车只要十分钟。之前要跑半个钟头去背泉水，现在不出门，一拧水龙头就能喝上'放心水'。"这两年，他更是把老宅子重新粉刷一遍，卖起了奶渣、青稞酒、风干牛肉。“以前是出去找钱赚，现在是坐家里把钱收。”他满足地说。

达东村是目前西藏保护得最完整的藏族古村落之一。它在短短几年间发展迅速，声名鹊起，仓央嘉措故居功不可没。呈现在慕名而来的游客眼前的仓央嘉措故居，已是残垣断壁。正是这种岁月沧桑，激发了大家的历史感触，寻觅着仓央嘉措的人生足迹，感悟着他的心路历程。

新近开张的达东温泉是达东旅游的另一热点。在这里，所有建筑全部依托百年古屋进行改造，通过搭梁、罩柱，将古建筑和现代建筑融为一体。在老房屋区域设露天浴池，可以俯瞰达东村全貌，现代化温泉浴池与土石结构房屋立柱在这里得到完美融合。

山水林田、湖草庄园，日升日落皆美景。古寺、林田、村落、溪湖相间，牛马徜徉于草甸，沟涧中溪水潺潺。除了达东村，在柳梧新区，越来越多村庄通过人居环境整治实现了振兴。城乡融合发展，使这个高原新兴城市更加璀璨。

高　文　李　鹏／文

河北玉田：

打造“田园中的美丽乡村”

按照习近平总书记提出的大力推广“千村示范、万村整治”工程，建设好生态宜居美丽乡村的要求，河北省玉田县把全域农村人居环境整治作为落实乡村振兴战略的重要切入点，作为带动全县生态环保、违建拆除、社会稳定等各项工作的引爆点，作为抓好抓实民生工程的重要落脚点，作为检验锤炼全县干部队伍的重要支撑点，力争将玉田农村打造成“田园中的美丽乡村”。

凝心聚力谋共治

为进一步统一思想、明确目标，玉田县委、县政府成立了由县委书记任组长、县长任常务副组长、县四大班子有关领导任副组长，县直有关部门主要负责人为成员的农村人居环境整治工作领导小组，统筹推进各项工作。

◇玉田县乡村美景图

玉田县建立了以京哈高速、京秦高速、京哈铁路、102 国道、玉滨公路和玉石公路沿线以及乡村振兴市、县两级示范片区为重点的“八大战区”，每个战区明确一名县领导作为指挥长，挂图作战、现场指挥，以 8 个主战场带动全域人居环境大整治、大提升。同时，沿线乡镇逐一与县委、县政府签订了目标责任状，建立了县直单位和企业帮扶机制，为示范村和提升村共安排帮扶单位 58 家、帮扶企业 238 家。

玉田县明确了“重点提升、示范带动、全域整治”的工作思路，坚持“点面结合”“实事求是”两项原则，以高速、铁路和各级道路沿线以及示范片区、镇区周边为带动，逐步向其他区域推进，形成了全党动员、全民参与、全域整治的工作局面。

实干担当敢对标

玉田县委、县政府正视“财政弱、基础差、困难多”等实际问题，组织镇村干部1170多人次到迁西、遵化、天津市蓟州区等地学习观摩，开阔视野，对标先进，提升标准。

通过建立"财政补、企业帮、群众捐、社会筹"的资金投入模式，县财政将至少每年拿出3000万元，连续3年投入1亿元作为拉练奖励和普惠性补助，持续推进农村人居环境整治。在此基础上，玉田县鼓励各乡镇善于借助企业、大户等外界力量解决资金问题，又充分调动大家的积极性，涌现出了一批感人的先进事迹。洪庄村党支部书记王利强忍伤痛、拄着拐杖坚守环境整治工作第一线；张于铺村党支部书记邱文强为村人居环境整治垫付机械费、墙体喷白绘画资金、绿化费30余万元；西果各庄村多名在京企业家爱心捐款15.8万元，助推农村人居环境治理……

◇玉田县美丽庭院

2019年以来，玉田县财政已投入绿化、乡村路网建设、改厕、表彰奖励等各项资金2.28亿元，累计出动干部群众21万人次、机械车辆2.8万台次。

◇玉田县乡村美景

协调联动重实效

从 2019 年 4 月份开始，围绕阶段性观摩范围，玉田县采取“自选 + 抽查”的形式确定观摩村和河道、沟渠整治观摩点，每两周开展一次农村人居环境整治联查拉练，集中利用周末一天时间，打破区域限制，分组对全县 20 个乡镇的人居环境整治情况进行现场观摩和评比打分，打响了农村人居环境观摩拉练攻坚战。

县四大班子领导带头促带动，深入镇村开展义务劳动；县委组织部发出“人居环境整治、党员带头先行”倡议书，组织全县党员投入整治行动中；县妇联发动“半边天”力量，组织了妇女投身“美丽庭院”创建行动；团县委与教育局共同开展了“小手拉大手”活动，使孩子和家长纷纷参与环境整治行动；住建局加大城乡一体化垃圾清运力度，做到日产日清，并为每个村配备了保洁员；交通局进一步加大对道路的清扫整治力度，确保公路干净整洁；卫健局加大了农村改厕力度，2019 年以来完成改厕和维修 1.8 万座；县电视台专门设立了专栏，每天循环播放农村人居环境整治节目，在全县范围内进行典型和成果宣传……

截至 2019 年 6 月底，玉田县共清理各类农村生活垃圾 49 万多立方米，拆除户外厕所 4700 多座，拆除残垣断壁、私搭乱建 3280 处，同时本着“非硬即绿”的要求，村庄内共栽植月季、雏菊等花草 3681 平方米。

针对当前依然存在的治理不彻底、不平衡，特色文化挖掘不够深，农村环保意识不强等实际问题，玉田县委、县政府将进一步推动农村人居环境整治向纵深开展，高标准完成农村垃圾治理、农村

◇玉田县政府单位参与农村人居环境整治

厕所革命、农村生活污水治理、村容村貌提升和“四好农村路”建设等重点工作，强力推进“两高”沿线95个村“六集中”清理整治和乡村振兴示范区生活污水治理、文化礼堂、水冲式卫生厕所等重点项目建设，加快农村小游园、小菜园、小果园建设和广大群众良好生活习惯培养，探索建立长效管护机制，绘就“科创商贸名城、京东美丽玉田”建设新画卷。

李 锐/文

浙江余杭：

生态宜居启新章

游完西湖后，再去哪逛逛？不少到浙江的游客会做出如此选择：到嘉兴的乌镇、西塘，在古镇里找寻江南味道；赴湖州的德清、安吉，在民宿里体味本土风情；或者去杭州境内的淳安、桐庐，陶醉在绿水青山之中……这些地方距离杭州百来千米，近几年，炙手可热，不可不到。

不过，这场乡村旅游的争霸赛，正迎来一个强劲的新对手：地处杭州近郊的余杭区。尽管比山水资源，余杭难敌浙西山区；比特色民宿，浙北湖州早已先人一步；比特色景区开发，别处也早已在市场上站稳脚跟。何以争锋？原来，余杭区抓住了独特的区位条件和市场优势，扬长避短，在乡村农旅融合上，意图一领风骚。

臭水塘变身莲花池

夜幕降临，运河街道新宇村盛家港的莲花池旁，人头攒动。荷叶、莲花的清香，伴着夏日虫鸣，让漫步在池畔的游人们心旷神怡。但谁能知道，3 年前，这里还是个人人避之唯恐不及的臭水塘。

说起这段历史，街道办事处分管农业的周文泉副主任感触最深。过去，运河街道有两大拳头产业远近闻名，即温室甲鱼和黑鱼养殖，杭州市场的黑鱼近半来自此处。“尽管富了百姓口袋，但由于养殖尾水随意直排，导致小微水体发黑发臭，老百姓怨声载道。”周文泉说。

对此，当地政府伤透了脑筋。如果关掉养殖场，毕竟牵涉千家万户，尤其是养殖户的切身利益；如果加以改造，可试用了各种办法，都收效甚微。“五水共治”在全省推开后，已经容不得余杭再作迟疑。运河街道决心铁腕整治。

◇余杭经过治理后的美丽风光

然而退养后，农民很可能找不到新的谋生手段。因此在关停养殖场之前，必须确立新的产业发展方向。经过多方调查论证，运河街道瞄准了荷花种植。莲藕浑身都是宝，荷叶能制茶，荷梗可入药，单是采藕带，亩均毛收入就有万元左右，比养黑鱼赚钱多了。关键在于，难以处理的河道淤泥有了好去处，将其回塘种藕后，它就能变废为宝。

经过整治，2400亩甲鱼塘和黑鱼池一举清退，取而代之的是3100多亩莲池。政府除了予以适当补助，还提供一家一户难以完成的公共服务，比如，引进优良的新品种，邀请专家进行技术培育，引入第三方进行秸秆回收，提供土地流转统一发包服务，还有招引龙头企业入驻，提供后端营销服务，等等。

“风蒲猎猎弄轻柔……藕花无数满汀洲。”曾经引得无数人神往的余杭风光，又完美地展现在人们眼前。看到人气渐旺，运河街道又因势利导，在莲池中营建了大量游步道。过去，养殖场的水体都是劣五类，现在，已经普遍提升到四类以上。接下来，当地还准备把运河以北的4个村统一纳入精品区块建设计划，开展环境整治和美丽乡村建设，打造运河水乡古风小镇。

新宇村盛家港的变迁，在余杭绝非个例。作为典型的江南水乡，余杭境内水网密布，曾经一度饱受污染直排、沉船河坝、水系不畅之累。“基础设施建设得再好，如果治不好水体，老百姓还是没有获得感，大环境也不可能优美。”几年来治水倒逼余杭产业升级，建立健全清淤轮疏机制，农村的水体质量发生了翻天覆地的变化。

2013年以来，余杭完成了138个村庄的生活污水治理，投入资金7亿多元。余杭抓“治水”并非简单砸钱，而是尽量采取低成本、易操作、可推广的治理手段；也并非“一招鲜”，而是将其放入环境综合整治中，搭配电线的“上改下”、生活污水的截污纳管、农房外立面的改造等工程，而最关键的是植入产业元素，让公共品变成有价值的商品，让乡村具备“造血功能”。

城里钞票山里花

“以前都是梨农让我帮忙卖梨。今年倒过来了，他们竟然跑来问我，有没有蜜梨卖给他们。”说起这个变化，陈梅生打心底里高兴。

陈梅生在鸬鸟镇可是无人不知无人不晓。年近古稀的他，50 岁开始在荒山荒坡上种蜜梨。如今，18 个年头过去了，他自家的梨园面积倒没有多少增长，可全镇蜜梨种植面积发展到 8000 亩。蜜梨成了鸬鸟镇的金名片。

鸬鸟蜜梨，个大味甜，肉质脆嫩，是不少杭州人的最爱。盛夏时节，正值上市期，往往未及熟透，枝头上的蜜梨早已销售过半。驱车穿过鸬鸟镇，在主干道两旁，随处可见临时梨摊。不用吆喝就有小车驻足，车主们会买上几盒放入后备箱。而更多看不见的订单，则来自微信。

“随着乡村旅游在鸬鸟的兴起，蜜梨成了绝佳的伴手礼，至少一半的产量是被游客消化掉的。游客们一传十、十传百，网络订单自然也接到手软。”余杭区农技推广中心副主任王朝丽介绍说，“因为不愁销路，在杭州勾庄的水果批发市场，根本看不到鸬鸟蜜梨的身影。”

为何梨农会倒过来找陈梅生买梨？陈梅生说，过去梨农只会种不会卖，销售全仰仗龙头企业。乡村旅游兴起后，梨农在路边随便支个遮阳伞就能卖梨，而且价格好，一斤梨能卖到五六块钱。而自

◇蜜梨熟了(图片来源：余杭区人民政府网站)

己的果业公司，主打商超渠道，经过严格挑选和精致包装，批发价也只有 13 元每千克。仔细比比，一是赚头不如梨农多，二是赚得不如梨农轻松。

作为一个负责任的龙头企业主，陈梅生不会去跟梨农抢占马路市场。但面对蓬勃发展的旅游市场，他也不得不考虑逐步转型。除了继续盯牢商超渠道，陈梅生准备开拓蜜梨礼品市场和网络营销。在他看来，鸬鸟蜜梨名声在外，本身面积不大、产量有限，只要做好本土消费市场，做好“旅游 +”的文章，不仅能提高附加值，未来还能卖民宿、卖风景、卖文化。

“余杭农业发展一定要走三产融合之路！”余杭区副区长葛建伟说，“光靠机械化，或者扩大规模、提高产量，增收空间都十分有限，但如果实行三产融合，那么空间将十分巨大。”

在葛建伟看来，余杭毗邻杭州、上海大市场，而自身生态环境优越，农业资源丰富，十分适合农旅融合。如果能扬长避短，一则可顺应多元化、个性化、品质化的消费需求，二来能满足日益增长的休闲观光、旅游体验需求，岂不皆大欢喜？

“如何把农村变成消费市场？又如何把农产品变成商品、礼品？我们把 133 个农业园区作为三产融合的桥头堡、主力军。”余杭区农业农村局局长叶维军介绍说。一方面，余杭推进风景田园建设，按照景区的要求，进行功能完善；另一方面，按照业绩对各大农业园区进行等级分类，入选 A 类的，可优先提供土地、科技、金融等要素支持。

2018 年，余杭还特别推出了名为“禹上田园”的农业三产融合区域公用品牌，准备把农产品的营销与园区周边的民宿、农家乐、美丽乡村等旅游资源进行有机串联。根据计划，余杭将在 3 年内建成 8 个美丽农业镇街、20 个风景田园综合体、30 个以上“风景田园”示范点，以及美丽田园体验区和美丽农牧渔场各 60 个。

环境优美产业旺

鸬鸟蜜梨的火爆，固然离不开其上乘的品质，以及政府持续多年办节会、打品牌，但更重要的还是得益于山区人居环境改善后，乡村旅游业态的蓬勃兴起。

“工业经济高歌猛进的时代里，都是以 GDP 论英雄，我们这儿只能靠边站。如今，到了生态文明时代，反倒体现出后发优势。”说这话的是径山镇农业服务中心主任章晓明。

章晓明所在的径山镇，和鸬鸟、黄湖、百丈等几个偏远的西部山区，已被列入“大径山乡村国家公园”，区域面积达 381 平方千米。区环保局副局长张丽莉说，对于西部山区这几个乡镇，余杭从 10 年前就开始保护，率先在全省区县一级，出台生态补偿机制，并取消工业项目招商引资考核，为留住绿水青山打下了坚实基础。

从杭州城区出发，驱车到径山镇径山村，只需要一个小时，如今这条路线，成为许多自驾者、骑行客、徒步族的最爱。有人喜欢大径山的自然清新，有人喜欢这里的茶香古寺，也有人喜欢在山村中漫步。

前两年，为了复建径山寺，径山村山顶片区的村民和茶厂统一搬迁至山脚下。与许多搬迁项目不同的是，这个下山后的新家更具产业元素。其取名为“江南禅茶第一村”，54套农房由政府统一规划建设，小桥流水、亭台楼阁点缀其间。按照户主意愿，其中有51套可改造成民宿、农家乐等。目前，余杭区已确定设立5000万元的专项资金，用于支持全区民宿发展。

“村里正计划把所有资源打包，再引入第三方专业机构，合股成立运营公司，由公司专业化运营。”在径山村村委主任俞荣华看来，尽管村里已有60多户农家乐和民宿，但同样，进行提档升级和村庄景区化运营，以及业态结构的调整和优化，也已迫在眉睫，“我们认为，建设美丽乡村，光让本地居民生态宜居还不够，关键还得吸引城里人来体验、来消费，甚至来创业”。

在余杭西部山区，像径山村一样，领悟到“生态宜居”必须联动“产业兴旺”的，已不在少数。鸬鸟镇两年前就提出了“国际慢城”的全新理念，让游客尽享慢时光；小古城村开始打造“慢谷项目”，吸引很多人前去体验；半山村依托特色景点开发出古道雄关带、古刹养生带和古战场体验带游派项目。

总之，现在游客穿梭于大径山，冷不丁就能与一家特色民宿撞个满怀。一看它们的名字，就让人觉得独具匠心，移步入内，更是别具一格，有的主打禅道，有的主打复古，都颇为精致。

从2017年开始，大径山开启了全域景区化的创建步伐。从入口的布置、千亩花海的引入，到游客集散中心、小古城遗址展示馆的建设；从沿线乡道村道的提升，以及农居房的立面改造，到18千米骑行道的贯通，沿线布置各色驿站，一个现代化的乡村景区正呼之欲出。

值得一提的是，在打造大景区时，余杭注重区域内各农业园区、现代民宿、杭派民居等的贯通发展，形成相辅相成的良好关系，依托产业，让美丽乡村变身为美丽经济。接下来，人才、教育、卫生、旅游、文化、交通将一并西进，随着各方面配套的逐步完善，大径山成为杭州旅游新秀已经指日可待。

事实上，通过筑巢引凤，这几年，大径山生态区已经吸引了诸多投资商的青睐：创龄小镇来了，浙商金融小镇来了，微电影小镇来了，好竹意小镇来了……

最是文化能致远

说它是“竹笛王国”，一点都不为过。据统计，全世界 80% 以上的竹笛出自这里。谈起地处中泰街道的紫荆村，擅长舞笛弄箫的人无不肃然起敬。

紫荆，一个有着近 3000 人口的大村，九成是山，光苦竹林就有 1.2 万亩。过去，老百姓靠山吃山，只能靠砍苦竹为生。苦竹要么当柴烧，要么做纸浆，稍好些的，则加工成竹竿、帐竿、鱼竿等，但价格都极低，论斤卖，才几毛钱一斤。

实际上，苦竹能派上大用场，是制作竹笛的最佳原料。改变小村命运的，是一位名叫周林生的音乐教师。在他的指导下，紫荆村办起了第一个村企，也让当地涌现出一大批具有高技术水准的制笛工人。

后来，大伙都自立门户了。尽管大多是个体手工作坊，但从种竹、养竹、砍竹，再到制笛、售笛，前后共有 70 多道工序，一条配套齐全的竹笛产业链在这里形成了。一些初具规模且技术相对成熟的企业，已经开始走上了品牌化经营之路。

一支竹笛上百块，甚至千元以上，让老百姓快速致富。随着名气越来越大，村里索性因势利导，提升改造基础设施，并连续举办竹笛音乐会、竹笛艺术夏令营，邀请制笛大师、演奏名家等，来村里表演交流。由此，竹笛文化集聚区的名号开始声名远播。接下来，村里还准备将非遗元素与休闲旅游相结合，让千年非遗活起来。

在余杭区文明办副主任陈树春看来，紫荆村的这一做法是个高明之举："在各地乡村旅游纷纷崛起的今天，如何找到差异化的竞争优势？答案就在文化中。因此必须不遗余力地挖掘好、保护好、传承好地方文化，并且让文化得以优化、转化和活化，成为符号，乃至产品。"

如今，余杭的乡村发展纷纷像紫荆村一样，开始重视文化的挖掘和提升。比如径山村的俞荣华，许多人只知道他是村主任，却不知道他还领衔着径山茶加工技能大师工作室。19 岁开始，俞荣华就与茶结下了不解之缘，从最早时的学徒，到后来自办企业，现在，闲暇时间，他全身心投入茶文化研究中。

"抹茶在日本非常兴盛，但是它的源头在径山。在传过去之前，径山的抹茶叫'磨茶'，工艺十分复杂，要经过烘、敲、碾、磨、筛等工序。而它真正饮用的方法则叫点茶法……"说起茶文化，俞荣华滔滔不绝，最让他痴迷的，还属国家级非遗"径山茶宴"的活态展示。

在外人看来，俞荣华这几年有些"折腾"。不过，他倒是自得其乐，他认为，要做好径山的旅游文章，必须好好挖掘径山的禅茶文化。现在俞荣华正考虑成立径山禅茶文化艺术馆，借此平台可以让游客看到径山茶的前世今生。

同样对茶文化复兴如痴如醉的，还有浙茶集团董事长毛立民。他自认为大学毕业后至今 30 余年最有价值的举动，就是第一个将抹茶从日本引回中国。2017 年 5 月，浙茶集团与杭州茶叶试验场决定在余杭径山共同创建茶叶博览园。

在余杭茶叶博览园内，有一套价值1700万元的最新加工设备，从青叶进去到成品茶出来，全部自动化。毛立民介绍，博览园将通过茶叶深加工、茶特色休闲旅游等方面的立体融合，向人们展示完整的茶产业链。

通过文化元素的挖掘，余杭已进入农旅融合的新阶段。如塘北村以蚕桑生产技艺为主题，开展文化体验游；一年一度的超山梅花节，将梅文化、金石篆刻文化与旅游业相结合；中泰街道中桥村利用竹笛文化，推出“江南慢村”品牌。

龙舟文化、湿地文化、运河文化……一项项传统文化正在这个时代的注视下，通过挖掘和提升走向复活。尽管这种挖掘尚显生涩，但余杭人深信，农旅融合，最是文化能致远。

蒋文龙　朱海洋／文

秦巴山区：

呵护绿水青山，绘就生态小康

秦巴山区是指长江最大支流汉江上游的秦岭大巴山及其毗邻的地区，地跨甘、陕、川、渝、豫、鄂六省区，其主体位于陕南地区。秦巴山区群山毗连，重峦叠嶂，沟壑山谷复杂多变，是长江上游地区一个重要的生态屏障，这里因物产丰富、风景如画而闻名，也因交通不便、物流不畅成为贫困、落后的代名词。

在“两山理论”的指引下，山区有何新变化？发展方式如何转变？群众如何奔小康？让我们走进地处秦巴腹地的商洛、安康等地，看山区变化、听群众心声，感受他们撸起袖子奔小康的火热激情。

“山清水秀、物阜民丰、文明幸福是小康”

2020 年 7 月 22 日清晨，雨后的牛背梁国家森林公园内薄雾轻绕、鸟鸣山幽、流水潺潺，宛若仙境。习近平总书记于 2020 年 4 月

20日来到此地考察牛背梁生态保护情况。

秦岭和合南北、泽被天下，是我国的中央水塔。而牛背梁国家森林公园所处的牛背梁是秦岭山脉东段最高峰，是我国黄河、长江两大水系的分水岭。这里孕育了最丰富的生态环境和珍稀濒危动植物。至今，柞水县文旅局副局长孟如意对习近平总书记要他们保护好牛背梁的谆谆嘱托记忆犹新。他介绍，如今周边农民依托生态资源干起了休闲旅游业，谁家的环境好，谁家的游客就多，收益就好，大家都意识到生态保护与经济收益息息相关，环境与经济发展也步入良性循环。“山清水秀、物阜民丰、文明幸福就是小康。”孟如意说。

“过去，这里是柞水县最偏远贫困的山村，如今是国内乡村旅游、户外运动的打卡地，去年接待游客近20万人次。”牛背梁脚下朱家湾村依托老旧农房打造的“终南山寨”负责人霍国博介绍说。

常年在外打工的红岩寺村村民杨传红2019年初返乡创业，投资2万元在“终南山寨”里开了一家铁板豆腐坊。由于味道好、种类多，他把小店经营成了景区里的网红店，年收入超过8万元。在杨传红看来，小康生活除了每天豆腐坊里的麻、辣、鲜、香，更有自己能体味到的甜蜜。霍国博说，景区为周边村民提供了500多个工作岗位，越来越多的周边村民靠着绿水青山端起了“金饭碗”。

与杨传红一样感觉日子越过越甜蜜的还有朱家湾村二组的柳太青一家。柳太青借着乡村旅游的东风，申请到了5万元贴息贷款和8000元创业基金，建起了“双艳农家”民宿，自此两口子不仅不再外出打工，而且收入颇丰，家里的笑声也越来越多。

这个暑假里，两个女儿艳艳和双双特别忙碌，除了要完成自己的学业，还要抽时间帮助爸爸妈妈照料“双艳农家”的生意。在读师范的姐姐艳艳眼里，父母摆脱了繁重的体力劳动，家里生活越来越幸福，全家人健健康康生活在一起就是小康。

“我们的茶山就是金山银山”

站在平利县蒋家坪村茶山的高处放眼四望，满眼翠绿的2400余亩茶园错落有致，来茶山采摘休闲的游客络绎不绝。一座座茶山在村民眼里就是一座座“金山”。

蒋家坪村曾是平利县8个深度贫困村之一，全村394户1216人有建档立卡贫困户199户541人。脱贫攻坚战打响以来，蒋家坪村充分利用生态资源大力发展茶饮产业，不仅引进了女娲凤凰茶业，建起了标准化茶叶加工厂，还培育茶叶合作社2家，全村实现了“人均一亩茶，户均增收一万元”的目标。

2019年，蒋家坪村197户532人脱贫摘帽，村集体依托“游茶山、品香茗、居民宿”的茶乡旅游，集体经济收入达到10万元。村民们都说：“我们的茶山就是金山银山。”

秦巴山区曾是国家集中连片扶贫开发重点地区，这里沟深路远，交通不便，是造成长期贫困的最主要原因。蒋家坪村的经验充分说明，偏远山区要依托优势资源发展产业。

最近，镇安县丰收村村民朱西明和其他村民一样乐滋滋，眼看着20亩核桃、板栗要丰收了，“再过个把月，俺家饭店有接待不完的游客，够俺忙活的！”

丰收村位于镇安县城南16千米的磨石沟，虽名为“丰收”，以前却是个烂沟沟。全村608户村民散居在12千米长的山沟里，地少林多、交通不便，长期制约着丰收村的发展。2015年以前，全村有建档立卡贫困户277户882人。

◇平利县茶山

◇平利县茶山

近几年，丰收村抓住国家级旅游扶贫试点村和美丽乡村建设的机遇，依托青山绿水的自然资源，不仅拓宽硬化道路、栽种绿植花卉、改造老旧民居、建成农家客栈，而且成立旅游公司搞起采摘体验园、农产品加工作坊。如今村里的旅游产业初步形成，旅游及相关产业带动500余人就业，村民都说昔日的烂沟沟变成了“童话磨石沟”。

在煤矿上干了近30年临时工的朱西明看到了家乡的变化，2015年回到村里，因家门前有一棵百年银杏树，就开办起“白果树农家乐”。他凭借着村里满山的核桃、板栗，加上拿手的炒腊肉、炖土鸡，每年轻轻松松收入十几万元。

“现在都富裕了，大伙精神面貌都改变了，见了外面来的客人都笑脸相迎、热情接待。”如今女儿在西安工作，儿子一家在县城生活，孩子们都在忙工作，偶尔能回家来看一看、吃一顿饭，朱西明老两口就觉得幸福满满。

“生态搬迁、家门口就业开启新生活”

2020年7月21日，在山阳县高坝店镇富桥社区党群服务中心的培训教室里，来自南京六合区人社局的老师正在给近百位学员进行为期 10 天的家政服务培训。

富桥社区是山阳县原高坝街社区桥耳沟 5 个组和迎宾大道安置点合并而成的，取乔迁、安康、和睦、富足之意。2018 年建成后安置易地扶贫搬迁 714 户 3027 人。

居住在富桥社区的熊保荣是参加培训的学员之一。“我们家从山里的老房子里搬进社区，住进了宽敞明亮的楼房。”熊保荣提起在富桥社区的新家，她显得十分兴奋，“搬下山算是开始了新生活！婆婆看病，出门就有社区门诊；孩子上学，来回走路只要十分钟。参加培训，学会一技之长，就能在家门口就业，生活就无忧了。”

山阳县地处秦岭南麓，受三山夹两川的地理条件限制，加之山体松散地质灾害常发，是陕西省深度贫困县。为了让大山深处的群众远离灾害、摆脱贫困，更好地保护生态环境，陕西省从 2012 年开始对陕南秦巴山区腹地村民陆续实施易地扶贫搬迁。近年来，仅山阳县就有超 5.27 万贫困人口告别大山深处的危房，搬进了移民搬迁安置小区。

在距富桥社区几千米远的金鸡扶贫产业园，是山阳县为就地就近转移就业专门引进落地的产业项目园区。走进产业园，一派忙碌的生产景象。金鸡扶贫产业园可直接提供就业岗位 600 余个，解决贫困人口就业 400 余人，并带动附近村村民就业、发展配套产业。

目前，山阳县 104 个移民搬迁安置点已建成运营 8 个产业园区、32 家社区工厂、11 家扶贫车间、95 家就业扶贫基地，共带动就业 6519 人，吸纳贫困劳动力 2344 人，吸纳易地扶贫搬迁劳动力 1632 人。

同熊保荣们经历不同却同样在家门口就业的杨先飞，更是靠自己勤劳的双手闯出了自己的小康生活。

“当保安学不到技术，就回来了。”在广东打工 6 年的杨先飞

2010 年回到陕西石泉县饶峰镇胜利村，在本村的子午道旅游专业合作社就业。10 年时间，凭着好学肯干能吃苦，学电工学水工、管场务，杨先飞很快成长为合作社的技术骨干。2016 年他被合作社提拔为场务部场长，负责合作社开办的占地 118 亩的饶峰驿站文旅项目的水电、后勤管理。他现在月工资 4600 元，加上土地流转收入和每年合作社分红，家里年收入近 10 万元。

“大儿子 10 岁、小儿子刚两岁，都由妻子照顾，家里盖了新房，老人有医保，开销还不算大。”杨先飞对现在的生活很知足，他现在最大的心愿是在城里买上房子，让两个孩子接受更好的教育。

冯建伟　肖力伟　郭　英／文

安徽庐江：

满园风景丽乡村

“庐江”，最早是出现于《山海经·海内东经》的一条江名，后郡因江名，县因郡名，延续至今。庐江临水而居，生态极佳。

为了扎实开展农村垃圾、污水、厕所专项整治“三大革命”，安徽省庐江县委、县政府领导班子全面部署整治。首先，明确责任，成立以县委书记为第一组长、县长为组长的领导小组；其次，明确任务，各成员单位依照职能范畴，各自领取整改任务和整改范围；最后，按时考核，不定期对各镇进行督查指导。整改三步走，确保各项任务有人干、有人管、有人抓。

乡村保洁有“路长”

万山镇农村公路聘请“路长”，作为片区的“美容师”，专门负责区域内的道路养护、清扫保洁，“路长制”是庐江美丽乡村建设的一个缩影。

天刚蒙蒙亮，万山镇卅埠村村民徐玉怀穿上保洁服，拿起扫帚、夹子，骑上印有“环卫清洁”字样的三轮车，开始了他一天的工作。“赶早点起来清扫垃圾，比较凉快。”自从当上村里的保洁员，徐玉怀每天都按时上下班，村里的环境卫生焕然一新。徐玉怀笑眯眯地说：“既然当了保洁员，就要尽心干好，负起这个责任。”只见他一会儿用扫帚扫地，一会儿弯腰捡垃圾，没多久，汗水就湿透了衣衫。很快，他负责路段的主干道就被清扫干净了。

如今，万山镇 10 个行政村（社区）像徐玉怀这样的农村保洁员已有 176 名，基本实现了一个自然村至少有一名保洁员的目标要求，确保农村垃圾每天都有人清、有人扫、有人运。当地村民都亲切地称他们为“路长”。

现年 67 岁的万山镇长冲村村民乐家平，指着自家门前的山涧沟说：“过去这条沟杂草丛生，到处都是垃圾。到了夏季，它会发出一股难闻的怪味，即使天气闷热得不行，也不得不紧闭门窗。自从有了‘路长’，沟里的水清了，闻不到臭味了，我们的心情自然舒畅多了。”

一提到农村环境问题，很多人自然会想起“垃圾靠风刮，污水靠蒸发，屋里现代化，院外脏乱差”这几句顺口溜。一户户村民家里水泥硬化了院子，瓷砖贴上了墙面，但走出家门，依然是垃圾随风飘，污水遍地流，农村人居环境已经成为当前美丽乡村建设的突出短板。

为了补齐这个短板，让村民家里家外一样美，近年来，万山镇以公路及公路沿线为主战场，每 1 ~ 3 千米聘请一名“路长”，作为片区的“美容师”，负责区域内的道路养护、清扫保洁。

万山镇所有的“路长”都纳入公司统一管理、统一培训，配发服装、清洁工具，实行月点评、季考评、年终考，将工作实绩与工资挂钩，按月发放 800 ~ 1200 元工资。除了人员安排到位外，万山镇还根据“路长”队伍、垃圾日产量、区域面积大小等实际情况，合理配置清扫工具、垃圾收集点（桶）、收运车辆等，做到垃圾日产日清日送。

在万山镇闸山村，每隔 50 米左右就有一个垃圾桶，周边的农家乐、民宿和农户都已养成垃圾入桶的习惯，村居环境干净整洁。“一年没回来，我们村咋变化这么大，房前屋后都绿化美化起来了，以前垃圾遍地、蚊蝇乱飞，现在变得和城里一样干净卫生。”刚从外地务工回家的闸山村村民冯桂林抑制不住内心的激动，“真没有想到现在我们农村也都有了‘路长’，回到自己的美丽家乡，脸上觉得特别光彩！”

人改变了环境，环境也在改变人。通过环境整治，改变的不只是农村环境，也改变了群众的思想观念。现在，村民随手扔垃圾的少了，主动讲卫生的多了，讲文明、爱卫生的新风气正在全镇逐渐形成。“振兴乡村首先振兴道路。”镇分管负责人说，“今后万山镇将‘路长’制进一步落到实处，充分发挥‘路长’的‘领头羊’作用，实现农村公路便民、富民、拉动产业发展的目的，为乡村振兴注入活力。”

万山镇建立农村公路“路长”制只是庐江美丽乡村建设的一个缩影。如今，穿行在庐江的广袤农村，触目所及的是山清水秀的环境、干净整洁的村庄、安居乐业的群众等一道道靓丽的乡村风景。

汤池打好“温泉”牌

汤池镇依托温泉资源优势，以第五代温泉为引领，以现代温泉休闲产业为核心，以丰富的旅游产品体系为支撑，聚力打造温泉小镇品牌。

宽阔平坦的村间公路，整洁宜人的农家小院，满脸笑意的村民，无不装点着小镇的美丽。黄昏，人头攒动的文化广场上舞姿翩翩，欢歌声声；入夜后，全镇“群星闪烁”，一排排明亮的路灯就像洒落乡间的银河……素有“最美乡镇”之称的汤池，凭借茶叶、温泉等丰富的旅游资源名声大噪。如今，随着美丽乡村建设项目的推进，汤池小镇焕发出勃勃的生机，正以崭新的美丽姿态呈现在人们眼前。

“一杯兰花茶，一把温泉澡。”这是庐江汤池的魅力写照。汤池镇距县城20余千米，与桐城、舒城接壤。汤池风景优美，除得天独厚的自然风光外，还得力于当地人对环境的高标准整改优化。从2012年启动开始，汤池作为示范乡镇打响了全县美好乡村建设的“第一枪”。

汤池，山绿水美生态优，其独特的温泉资源，得益于大自然的“馈赠”。近年来，汤池镇以建设国家级旅游度假区为目标，强化美好乡村和美丽集镇建设，以“两治理，一加强，一提升”为重点，注重治脏治乱，加强基础设施公共服务建设和环境提升，增加投入，有效推进集镇和中心村环境建设，致力打造环境优美、设施完善、干净整洁的美丽村镇。

汤池立足资源优势，聚力打造温泉小镇品牌。通过以第五代温泉为引领，以现代温泉休闲产业为核心，以丰富的旅游产品体系为支撑，打造集温泉体验、人文展示、山水休闲、乡野体验于一体的国内一流的安徽旅游新名片、合肥环湖新亮点、庐江旅游大品牌。

作为2016年安徽省首批特色小镇，汤池镇2016年游客接待量达150万人次，增长15.38%，旅游收入4.7亿元。汤池的蜕变有目共睹，除了建成金孔雀、国轩、万振等温泉项目，汤池还汇聚了果树老街、百花寨森林公园、相思林、金汤湖、白云禅寺等多处旅游景点。汤池还完成了南山“三食六巷”美食街区、金汤水街、天鸣花海等项目建设，南山康养小镇、德圣珠宝钻石小镇、皖新百花谷、果树民宿等重大项目也在规划中。

美丽乡村“文”味浓

庐江县通过保留历史元素、建设文化阵地、传播文明乡风、打造特色小镇等方式，使其美丽乡村建设“文”味浓郁。

在建设美丽乡村过程中，庐江县坚持把“文化元素”融入其中，以深化美丽乡村建设内涵。

保留历史文化元素。深入发掘并传承优秀传统文化，促进人与自然、物质与精神、传统与现代的融合。泥河镇沙溪美丽乡村在建设过程中，注重望云桥的保护与修复，让这座建于民国时期的桥成为一道风景。

注重文化阵地建设。利用文化活动广场、农家书屋和村远程电教室等阵地，适时开展健康教育、种植养殖技术普及和其他文化活动，提高村民文化素质。

传播文明乡风。通过树立先进典型，用先进带动后进，传递正能量，引导教育乡村群众。中沙溪社区的汤加梅，26 岁时丈夫意外去世，孩子患了肌肉萎缩症，婆婆年迈，生活让她尝尽艰辛，而她没有选择逃离和退却，毅然承担起赡养婆婆和照顾孩子的重任。她已成为村民心目中的道德模范。

未来 5 年，安徽庐江将持续打造特色小镇，提升汤池温泉小镇品位，使之成为合肥周边休闲、养生、度假的首选目的地。按照合肥南部产业发展支撑点和承接皖江经济带产业转移基地的要求，培育龙桥工矿小镇，重点发展矿业及其深加工、硫基化工、精细化工、循环经济和特色物流，推进产城融合。打造泥河食品酿造小镇，推进庐南循环经济示范区综合服务区建设。

推进美丽乡村建设。围绕全域旅游开发，启动6个美丽乡镇和12个省市级中心村建设，加快道路、公共卫生、基础设施配套建设，打造升级版美丽乡村，加大集镇建成区和镇政府驻地“脏乱差”整治力度，确保三冲、晴岚、灵台等28个省级中心村和9个集镇建成区整治通过验收。

实施“美丽庭院”创建。探索长效投入机制，建立日常保洁和绿化养护的动态督查机制，确保美丽乡村持久发挥示范作用。

打造合肥“后花园”

庐江县深入推进农村垃圾、污水、厕所专项整治“三大革命”，突出“秀美庐江、养生福地”主题，致力于把家园打造成为宜居宜业宜游的合肥“后花园”。

冶父山镇党委书记赵小青介绍说，该镇围绕生态宜居村庄美、兴业富民生活美、文明和谐乡风美的建设目标，坚持政府主导、农民主体，规划引领、示范带动，因地制宜、分类指导，深入推进美丽乡村建设和农村环境“三大革命”，着力打造宜居宜业宜游的农民幸福生活美好家园。美丽乡村建设和农村环境“三大革命”的成果正惠及全镇，绿水青山、田园风光、特色农产品受到了广大群众的追捧，实实在在地提升了老百姓的获得感和幸福感。

“各乡镇如今的风貌，是目前农村垃圾、污水、厕所整治的初步成效。”庐江县城管局工作人员介绍道，“累计出动4443人、各类车辆659次，为农村‘三大革命’服务。清理陈年垃圾约5362吨，其中生活垃圾约3756吨，建筑垃圾约1014吨，废弃秸秆约355吨，其他杂物约237吨，清理各类乱堆乱放3000余处。”

成绩单的背后是无数次事无巨细的布置，是无数庐江人烈日下汗湿的背脊。经过区域调整，庐江辖区共有17个乡镇，加上经开区、台创园及龙桥工业园，涉及范围多达2000平方千米，涉及人口120万，全县仅陈年垃圾就有1.41万吨。繁复的数字背后隐藏着垃圾终端处理面临的巨大压力。“垃圾终端处理有两种方式，一种是无害化填埋，另一种是焚烧。”庐江县城管局工作人员介绍道。过去农村环保意识差，垃圾处理方式简单粗暴。“整治前，除了汤池镇和庐江县城，其他乡镇一般是采用‘一锅煮’的方式。采用这种方式也是无奈之举，老垃圾处理厂工作能力有限，无法接纳剩余垃圾量。”

以垃圾处理为例，庐江县率先开展调查摸底，积极运用奖罚政策发动群众参与整治。全县按计划按阶段完成整治，并迅速进入

◇冶父山

自查自纠阶段，对于群众举报、媒体曝光的重点区域全面排查。他们还改变了过去听报告式的考核方式，考核小组直接到现场评分考核，并对存在漏洞的乡镇进行追责。

垃圾清理之后如何处理，关系到“三大革命”的最终效果。为此，庐江县委托安徽省规划设计院编制了《农村生活垃圾处理专项规划》。新建的盛运环保垃圾焚烧发电项目，一期建成后每天可处理生活垃圾500吨，全部建成后每天可处理生活垃圾1000吨。据庐江县城管局工作人员介绍，“新垃圾焚烧项目的建成，不仅可以完全容纳庐江地区的垃圾处理，还能适度容纳其他地区的垃圾焚烧”。

除此之外，在农村生活污水治理方面，全县16个镇中已有12个镇建成了污水处理厂，支管网入户达到2.3万户。采取管网延伸、微动力小型涡水处理、生态湿地净化等处理方式，已于2020年实现了全县污水治理设施全覆盖。在农村改厕工作方面，通过先行试点，选择了符合实际、群众欢迎的改厕模式。

农村之美，美在朴实无华的民风，美在天然去雕饰的生态，美在山清水秀的自然。美好乡村建设自2012年10月启动以来，生态宜居村庄美、兴业富民生活美、文明和谐乡风美始终是庐江人建设乡村的总目标。建设过程中，庐江人始终突出“秀美庐江、养生福地”主题，着力“培育中心村、整治自然村、提升特色村”，致力于把家园打造成宜居宜业宜游的合肥“后花园”。

陈金香　杨丹丹／文

湖南祁阳：

环境整治“褪旧衫”，人居环境“换新妆”

“金山银山不如绿水青山，还绿于民、还园于民，老百姓最欢迎了。”2020 年 3 月 15 日，湖南祁阳县文富市镇双龙桥村新落成的同心主题公园内，70 多岁的老党员刘越南开心地说道。这里曾经是当地人绕道而行的废弃了 20 年的工厂，经过这两年来的美丽乡村行动，如今变身为花草芬芳的主题公园。

离县城不远的三家村，曾是一个贫困村，坐落在湘江之畔，原来基础设施差，村民环境保护意识差，无序种养，各种垃圾随意堆放，污水乱排，到处臭烘烘的，因而被称为“龙须沟”。开展“一拆二改三种四清洁”行动后，如今的三家村风景如画，一眼望去，村内干净整洁，家家户户门前干净利落，庭院里栽满了花花草草，绿意喜人，呈现出一派“天蓝、地绿、水净，宜居、宜业、宜游”的美丽乡村景象。三家村目前成了国家 AAA 级旅游景区。

双龙桥、三家等村的大变样，得益于祁阳县大力开展的农村环境整治工作。近年来，该县从村民身边事入手，全面拆除危房、空心房，改水、改厕，种树、种花、种果，清洁家园、清洁水源、清洁田园、清洁能源，激发了广大群众求善求美求变、共建美丽家园的积极性，极大地提升了乡村生活品质，村容村貌焕然一新。统计数据显示，该县目前累计拆除危房、空心房、杂房、旱厕 430 多万平方米，改水、改厕所 10.2 万户，清运积存垃圾 21 万吨，建设小游园 178 个。祁阳县连续两年被评为“全省农村人居环境整治先进县”，获评湖南省政府 2019 年度“真抓实干成效明显奖”。

“拆除长期无人居住、破败不堪的危房、空心房，以及有碍观瞻、闲置、废弃的茅厕、杂房、猪牛栏后，我们就有了新的发展空间。”祁阳县七里桥镇丁庙湾创新思维，成立“村民建房理事会”，成功推行集中建房，使得制约农村发展、影响农村文明的无序建房问题迎刃而解，村容村貌发生了质的飞跃，创造了“农村不比城里差”的神话，被评为“全国乡村治理示范村”。

农村环境整治，需要依靠群众的力量和智慧，也需要强有力的机制保障。祁阳县深入开展“十星级文明户”创建活动，将公共环境卫生整治、公共基础设施建设管护、推进移风易俗、培养良好生活习惯等内容纳入村规民约，开展“美丽庭院”创建评选活动，每年祁阳县委、县政府公开表彰“十星级文明户”10000 户、“十星级文明示范户”1000 户，由县文明委颁发荣誉牌匾，在媒体通报表彰，并在 17 个方面给予实惠。

据统计，全县目前已拆除的危房、空心房中，有半数以上是群众主动自行拆除的；80% 以上的农户新建房做到了按县统一设计的图集施工。祁阳县肖家镇大院村，组织动员群众积极搞清洁、搞绿化、搞建设、搞管护，并建立农村环境卫生管理制度和村规民约，聘请了保洁员3名、转运员1名，并以实行垃圾处理有偿收费为突破口，按照每人20元/年的标准收取卫生管理费，以此来解决经费不足问题，调动农民参与农村人居环境建设的积极性。

◇祁阳县美丽乡村图景

◇祁阳县茅竹镇三家村

为切实防止环境问题出现反弹，祁阳县在农村积极推行卫生评级制，充分利用空闲地带“见缝插绿”，建设公示栏、绘制文化墙、新建文体广场，逐步改变农村群众的卫生习惯，满足群众的审美和文化娱乐需求。茅竹镇三家村建设田园综合体，建成村级党建服务中心1个、村级大舞台1个；引进广州火田环保公司，建成生活污水一体化生物处理池3个，对180户农户的生活污水进行集中处理；建成生活垃圾收集点60处，全村生活垃圾实现分类收集、处理，成为全县样板。“两年来，我村以农村人居环境整治为抓手，开展美丽乡村‘一拆二改三种四清洁’行动，对村里的危房、空心房、废旧工厂等进行全面拆除，做到应拆尽拆。”双龙桥村支部书记李应福说，“今年将继续完善主题公园建设，发挥乡贤作用，同心共建，建

◇祁阳县人居环境整治现场

成集休闲、娱乐、健身于一体的养生好去处。”

“改善农村人居环境是一项重大的民生工程、民心工程。全县上下必须乘势而上，大干快上，在一手抓疫情防控，一手抓经济发展的同时，毫不动摇地开展农村人居环境整治‘百日行动’，要整县推进、全域实施，向‘一年初见效、二年上台阶、三年大变样’的既定目标奋进，实现干干净净迎小康。”2020 年 3 月 15 日，祁阳县委书记周新辉在全县农村人居环境整治“百日行动”现场会上向全县人民发出了铿锵有力的号召。据悉，祁阳县 2020 年上半年完成存量拆危见底清零，行政村空心房拆除率达 95%；高标准建设农村人居环境整治样板村 40 个；全域推进村庄清洁行动集中整治活动，实施“四清一改”，健全长效保洁机制，推动村庄清洁常态化、制度化。

漫步在祁阳城乡，一条条干净整洁的水泥路穿村而过，绿树掩映、纵横交错的村道连接起千家万户；一面面图文并茂的文化墙取代了农村“牛皮癣”、标语墙，昔日门前屋后杂乱堆放的“三大堆”已经了无影踪；一片片绿地取代了臭气熏天的“龙须沟”，身着黄色环卫服的专业清扫人员成为街乡一道靓丽的风景线……

唐书东　文志军 / 文

重庆沙坪坝：

田园牧歌三河村

红砖灰瓦，竹林掩映，路边野花竞相开放，在重庆市沙坪坝区三河村网红打卡地“远山有窑”，点一壶清茶，观半面山景，偷得浮生半日闲。

不止这一处，以盐堰路为轴，三河村已经形成以线串点、以点扩面的产业布局。沿路而行，去“萤火谷”农场观赏萤火虫，到“渡兰居”体验原乡文化，或者到“楠之林雪”农业生态园采摘有机草莓，皆是休闲旅游的上佳选择。

◇整洁的三河村

如今的三河村，篱

笆藤蔓、陶罐竹墙、草丛流萤，步步是景。现代文创、生态产业、“三变”改革相得益彰，正在谱写三河村乡村振兴新篇章。

匠心独运，巧解人居环境难题

形塑好乡村风貌，是留住独特的“田园牧歌”的要素之一。

土窑，对大多数重庆市民来说，可能只算得上儿时的记忆。但是三河村留下了重庆主城唯一一座土窑。

朴拙的陶罐花瓶看似随意摆放，其实充满了艺术情趣。一盏茶水，几窑炉火，半面山景，充满人间烟火气，却又不失自然的纯粹。

10 多年前，以传统手工技艺制作水缸、酒缸、油罐、泡菜坛等的土窑曾风靡一时，但是随着时代的进步，手工制作陶器的传统龙窑风光不再。从一开始有十几个窑洞的热闹红火到后来只有零星窑洞的苟延残喘，龙窑现在的主人——刘中华，看着它曾经的辉煌，唏嘘不已。

直到重庆大学的建筑师田琦的出现，这个摇摇欲坠的老窑厂，才蝶变为一个集手工制作与文化体验为一体的公共文化娱乐平台——“远山有窑”。这让这门传统手艺在文化的包裹之下酝酿出更浓郁的芬芳。

田琦说，“远山有窑”并不是靠钱堆出来的，其设计改造采用的都是当地的乡土材料，比如旧瓦片、木梁、老木板等。而那些看似随意摆放的土陶品，反而为“远山有窑”增添了浓浓的艺术情调。

亲手烧制一个手工土陶，感受艺术创作的过程；泡一杯香气怡人的绿茶，静下心来听一听山间的虫鸣鸟叫……在“远山有窑”，人们可以尽情享受乡村气息。

“远山有窑”是丰文街道三河村推动人居环境整治的一个典型。它

◇三河村公共卫生间

不搞千篇一律的大拆大建，而是兼顾个性与特色的匠心独运。

三河村的巧招妙招频频：

将人居环境整治与闲置农房相结合，帮扶“楠之林雪”改造“三河茶社”“猪圈书屋”等一大批人居环境示范点。将闲置农房改造为民宿，或面对大学城消费者的咖啡书屋等。

将人居环境改造与绿化相结合，以实施国土绿化提升行动为载体，完成盐堰路路边绿化工程、盐井沟绿化工程、茶美源茶山改造工程和公共区域绿化美化工程，新增绿化面积约 6 万平方米。

从数据上看，三河村完成厕所改造 76 户，卫生厕所普及率达 85%；新建垃圾收集库 2 座，生活垃圾有效治理率达 100%；完成 70 户农村旧房改造和 55 户庭院绿化整治……这一个个项目与一串串数字充分证明了三河村为实现生态宜居村庄美尽心尽力。

天人合一，兴业富民生活美

自然生态保护好了，田园焕发出本身的活力，天人合一，才能展现乡村魅力，让农民过上有品质的生活。

“小时候，在夏天的夜晚，我经常听爸爸和爷爷在坝坝里讲一些乡村的事情。这时候，我们就会发现周围有很多萤火虫。但是近 20 年来，我几乎是没有见过萤火虫了。”来自台湾地区的农业专家黄金生说，“好的生态是做好农业的基础。”萤火虫作为环境的指示生物，数量的多少，是当地环境好坏的一个重要信号。

2017 年黄金生来到三河村，流转了 1000 亩土地，开始打造“萤火谷”农场。用活菌和益生菌衍生成的酵素，将残留在土壤中的毒素降解；用原始石头、木板等修建咖啡厅、萤火虫教室等建筑；用碎石板拼接林荫小道；用各式竹编做成路灯的灯罩……农场的所有设计都坚持了人与自然和谐相处的原则。

暮色流转，星光烁烁，林间萤火点点。夜幕里，恬静和童趣在游荡，数万只萤火虫犹如精灵一般守护着这个童话森林。

同时，园区打造的蝴蝶乐园、昆虫花海、青蛙湿地等项目及常年开展的亲子研学、团建活动、生态农业耕作等也深受欢迎。2018 年 7 月 26 日“萤火谷”开园以来，共接待游客 12 万余人，促进农

◇三河村“萤火谷”

民增收的带动作用逐渐凸显。

2019 年以来，三河村以实施产业兴村为重点，以文创项目为发力点，联动一、三产业，形成都市现代农业、休闲观光体验农业、文创产业联动发展、融合发展的格局。

不到一年的时间，村庄变美了，产业兴旺了，村民回乡了。

56 岁的赖家伟就是返乡创业者之一。在政府补贴下，他将自己的房子翻新整改，建成了“随缘农家庄”。“4 月到 10 月是旺季，那段时间几乎天天爆满，一个月营业额有三四万元。”赖家伟说道。凭借靠近“萤火谷”的地理优势，他家的房间不愁没有人住。

“万物有所生，而独知守其根。”充分发掘乡村的地域特色，融入生态文化、历史文化、民俗文化等元素，才能根牢魂定，孕育出村落的独特气质与性格。

“三变改革”，创新制度谋振兴

三河村变了！集体经济收入从不足 1 万元增长到 42 万元，农民从没有资产性收入，到年人均从集体股份中分红 500 元。土地流转和规模经营扎实推进，给三河村带来了实实在在的变化。

“这一切都源于‘三变’改革。”三河村党支部书记邱世明说。三河村有一半的地在山上，一半在山下。在“三变”改革之前，村里的土地多数闲置。2017 年底，村里被沙坪坝区列为实施乡村振兴战略行动计划示范村。2018 年初，在区里和街道的指导下，三河村又启动了“三变”改革的试点。

首先，对集体资源、资产等进行清产核资：村里的 1038 亩林地、30 亩荒坡地，都折成资产，加上房屋等，三河村总共有 260 万元的可

◇三河村竹编灯罩

经营性资产。

然后，根据村民共同协商制定的方案，进行确权确股：把可经营性资产，都确权到村民头上，并经全体村民协商决定，由股东组建起股份制的舜圆农业科技有限公司，对集体资产实行股份制经营。

由此，村民变股东。在完成第一阶段的确权确股，并组建起舜圆农业科技有限公司后，三河村引进“萤火谷”“远山有窑”“渡兰居”“楠之林雪”4个农旅融合项目。农民以承包土地经营权入股，村组集体以争取到的项目资金和集体修建的产业道路、停车场、水塘等入股，与项目投资者一起，进行股份制经营。

两种收益方案保证了股民和集体经济收入：资产类收益依托农村集体产权制度改革的成果，按股民50%、村民小组20%、村集体30%的比例进行分配；资源类分红则以入股面积计算股份，设置了保底（山坡地每亩每年800元，山下好地每亩每年1500元）分红、固定分红和效益分红。

“分红款是固定的，今后每年都只会增加，不会减少。”邱世明说。

三河村引进4个农旅融合产业项目后，全村农民的承包地经营权、集体资产和资源、国家投入项目等被激活，集体经济收入迅速增长。

◇三河村平整的乡间小道

三河村四大产业项目合作不是单一的资源资产入股模式，还向外拓展了合作、合资、合营等方式。这一方面增加了村社集体的经济收入，另一方面也增加了村民的收入，让村民获得了实实在在的好处。

在“三变”改革过程中，三河村基本完成了从“输血式”收入增长方式向“造血式”收入增长方式的转变，稳定释放改革红利，实现村社集体及村民收入在2018年基础上增加约40%，2019年村集体经济收入约有60万元。

此外，三河村还对接农业专家走进村庄开展常态化培训，让村民掌握一些实用的现代农业生产技术，帮助他们实现由传统农民向职业农民的转变，推动实现农业强、农村美、农民富的目标。

邓　俐／文

河北巨鹿：人居环境整治实现乡村蝶变

河北省巨鹿县始终把农村人居环境整治作为乡村振兴的突破口和主抓手，以建设生态宜居美丽乡村为目标，以全省农村人居环境整治全域完成任务县创建为契机，高位推进，聚能融合，坚持一盘棋、一张图、一股绳一以贯之推进，走出了一条一体推进、一体建设、一体发力的农村人居环境整治新路子，绘就了一幅幅美丽乡村新画卷，农村群众实实在在地享受到了优美环境带来的美好生活。

三百米见绿，五百米见园

“乡里乡亲的一起来小游园遛遛弯、健健身，晚上还有广场舞……”自打2019年春天小游园建成后，巨鹿县王虎寨镇张庄村老党员张平军感觉自己的生活品质一下子提升了不少。

令张平军津津乐道的小游园其实并不大，但是这里花卉、灌木

◇张庄村张平军（左一）跟村民在村头小游园聊天。

错落有致，旁边还设置各种健身器材。张平军乐呵呵地指着小游园旁边微波荡漾的鱼塘说：“过去的臭水坑现如今改造成了小鱼塘，年初还放入5000尾花鲢鱼，春节时村里还指着鱼塘发福利呢！”

“要让农村群众出门三百米见绿，五百米见园。”巨鹿县委书记孙葆祥说。生态宜居是广大人民群众对美好生活的需求，也是推进农村人居环境整治的目标，要做好“绿、水、净、畅”4篇文章，要让乡村看得见绿，看得见水。

2019年初，巨鹿县研究制定了人居环境整治“1+10”实施方案，将农村主街道硬化、连村路改造提升及胡同硬化和危旧房屋拆除、公园建设、污水治理、垃圾处理巩固提升、改厕工程、村庄绿化、美丽庭院创建、村庄美化、“千湖之县”建设等十大项专项行动融为一体、整体推进。现如今，巨鹿县各乡镇、村根据本地地理特点、民俗文化、经济水平和农民期盼，在拆除的危旧房屋地基上，科学谋划小游园、小菜园、小树林、小果园、小林荫式停车场“五小”特色公园建设。

据统计，巨鹿县共拆除危旧房屋9400多处，建设“五小”特色公园2800多个。现在，村民出门“三百米见绿，五百米见园”的心愿不再是梦想，真正实现了乡村人居环境的大转变、大提升。

废旧坑塘治理，打造河渠相通千湖县

巨鹿县过去是“河渠相通、渠塘相连、村村有湖”的千湖之县，为了恢复曾经的水生态画卷，巨鹿县2018年以来开展全县域河渠坑塘综合治理，对全县所有坑塘进行摸底、建立台账，全部纳入改造提升规划，编制《巨鹿县水系水网规划》，巨鹿县充分利用引江水、引黄水过境的有利时机，积极协调，主动出击，向县境内最大限度调水、蓄水，2019年已集蓄水3000万立方米，改造治理坑塘100处，2022年分步完成全县坑塘治理。

巨鹿县环城水系张庄村段400多米河道已经建成蓄水，水面面积有30多亩，村委会在邢台市移动公司驻村帮扶干部的支持下，投放5万尾草鱼，由村里23户贫困户轮流负责看护和割草投喂，目前最大的已有一斤多重，春节上市，全村贫困户人均分红6000元。

与此同时，巨鹿县坚持把坑塘治理与全域旅游相结合，注重挖掘生态效益，延长旅游产业链，大力促进农村坑塘资源化利用、景点化发展，打造了柳洼、崔寨、洪水口等一批水景观，让农村废旧坑塘变为美丽乡村建设的风景线。

村级垃圾分类，助力美丽乡村建设

“过去，村里的街道路肩没硬化，路边杂草丛生，乱堆乱放，交通也不方便。现在，村头的垃圾清理出来了，路肩硬化了，路边种上树了，环境变了，人心亮堂了！”西郭城镇柳洼村姚现国说，“现在大伙的环保意识都提高了，谁再随便丢垃圾，自己都要脸红！”

柳洼村是巨鹿县最早实现垃圾分类管理的村庄，目前全村已实现易腐垃圾、可回收物、有毒有害垃圾和其他垃圾的有效分类。村里街道上每隔一段都会摆上 4 个垃圾桶，分别标明垃圾的属性，以便于村民识别投放。村民家里也配发了相应的小垃圾桶，保洁公司车辆分上午和下午每天两次来收集清运。

巨鹿县充分利用电台、报纸、微信公众号等媒体进行宣传，通过发放垃圾分类明白纸、倡议书使垃圾分类常识深入人心，提高了村民垃圾分类意识。巨鹿县城管局环卫科的谢跃东介绍说：“巨鹿县采取精细化管理，建立了以收集、清运、处理为一体的垃圾治理体系，街道日常保洁、洗扫车每天两遍清扫。另外，根据布局需要新建改建 6 个垃圾中转站，新增配套垃圾箱 200 个、240 升垃圾桶 5000 个。实行‘定点投放、定时清运’收集、转运模式，确保农村垃圾日产日清。”

为了更好地维护人居环境建设成果，巨鹿县还积极修订完善村规民约，强化村民环境卫生意识。设立保洁员、垃圾捡拾员、护林员等就业扶贫岗位，不仅保证了建设效果，而且提升了贫困群众产业扶贫覆盖率。目前，全县已经聘用 547 名贫困群众从事“五小”公园建设、管护、保洁工作。

冯建伟／文

河南栾川：让乡村美起来，让农民笑起来

远望群山如黛，近看河水清澈，平坦笔直的柏油公路，干净整洁的村庄，河南省栾川县美不胜收，让前来观光游玩的人们流连忘返。这一切都与栾川持续开展的农村人居环境整治密不可分。

如果说乡村振兴是一场“大会战”，那么生态宜居美丽乡村建设，就是第一场“攻坚战”。近年来，栾川县扎实推进农村人居环境整治，把提升农民幸福指数放在重要位置，科学有序地推进村庄规划修编，聚焦村容村貌整治提升、“厕所革命”等，加速补齐基础设施短板，栾川处处展示着新变化、新气象、新干劲。

乡村的“颜值”提升了

小康不小康，厕所算一桩。建设美丽宜居新农村，不仅在于入目处的青绿，也在于方寸间的清新，干净整洁的厕所环境是扮靓农

村人居环境的“点睛之笔”。

“俺家这厕所改造后，和以前比真是天壤之别，厕所环境好了，心情更好了，方便了打扫，也不用花时费力捯饬了……”“以前在村里闻臭找厕所的状况再也不会出现了……”参与改厕的群众纷纷感慨。栾川县按因地制宜、城乡结合的原则，分类指导进行厕所治理，目前，已完成农户改厕 5.8 万余户，改厕率 90% 以上。

改善人居环境，就要想方设法治理好农村垃圾、污水等。为此，栾川县全面推行“村收集、乡转运、乡（镇）处理”垃圾集中处理模式，实施高标准的垃圾处理系统。63 个行政村先行先试农户垃圾保洁付费制度，第一批 50 个村垃圾分类试点工作已全面铺开。此外，栾川县连续 3 年组织开展了 10 余次清洁家园行动，累计清理生活垃圾 5000 余吨，清理乱贴乱画小广告 8000 余条，农村生活垃圾得到有效治理，在多数乡镇已经看不到沿路和村内积存垃圾。

同时，栾川县进一步加快农村污水处理设施建设速度，建成县级污水处理厂 2 座，乡镇级污水处理厂 14 座，目前，已有 113 个行政村全部或部分达到污水处理条件，占全县行政村的 53%。

◇大南沟社区满族风情村一隅

一串串闪光的数字背后，映射的是栾川群众日益舒适、舒心的生活。

“改善农村环境是一场持久战，既要全力而为，更要因地制宜。”栾川县农业农村局相关负责人表示。

群众的幸福感更强了

栾川县围绕“绿、亮、净、美、文”，以村庄道路、村庄建筑、公共环境为重点，综合施策、建管并重全面提升村容村貌，力争让农村处处是风光。同时实施道路畅通行动，做好农村路网建设，推进通组通户道路建设；实施乡村美化行动，以村庄出入口、主干街道改造、便民服务中心、文化广场等公共场所建设为重点，拆除违章建筑、残垣断壁，严禁私拉乱扯、乱贴乱画，综合提升村庄整体形象；实施村庄文化传承行动，对村庄建筑风貌进行引导，提升农房设计水平等。

硬件设施齐全了，村里环境美丽了，村民素质也提高了。

“快看，第四期‘光荣榜’出来了。”石庙镇观星村村民们围在村委门口驻足点评。

“我会继续保持干净，同时，我也会积极带动周围的农户一起打扫卫生，共同打造一个舒适的生活环境。”村民张青坡说，“不管检查与否，我总是将房前屋后打扫得干干净净。”上了“光荣榜”之后，张青坡感觉十分光荣，比以前干起活来更有热情了。

栾川县利用“光荣榜”表彰先进、树典型、鼓干劲，利用“曝光台”揭短处、转风气、促整改，在方寸之间将“大道理”融合到“小村情”中。栾川县还创新推行党员分包制、一周一督查一点评制，让

◇农户喜笑颜开

改善农村人居环境的意识更加深入人心。

乡亲们的腰包更鼓了

“单是村容整洁、环境优美还不够，村民的腰包不鼓，一切都不可持续。”栾川县通过农村人居环境整治挣了“面子”，又通过乡村旅游做实了“里子”，呈现出勃勃生机。

峰峦叠翠，荷花灼灼，栾川县秋扒乡小河村格外恬美，吸引着四面八方的游客纷至沓来。

“荷花是咱村的特色。现在是旅游旺季，游客几乎天天爆满。”小河村客栈老板崔国正高兴地说。几年前，崔国正在外地私企打工，看到美丽家乡建设的美好画面，心里直痒痒。他索性辞去工作，在自家房屋的基础上，改造建成家庭宾馆。“现在年收入能有近10万元，没想到自己能在家门口致富。”崔国正说。在他的成功示范下，村民们发展农家乐的热情高涨起来。

在栾川，像小河村这样的变化比比皆是。在狮子庙镇王府竹海，边角地、荒山沟见缝插竹，成为大家休闲娱乐的后花园；在三川镇大

◇乡村旅游如火如荼

红村，群众发挥生态之力助推乡村振兴，从一丛绿林、一片花海中挖出金山银山……通过人居环境整治的深入实施，栾川县农村的村容村貌发生了巨大变化，美丽乡村催生了“美丽经济”。

用“绿色”生“金色”，栾川县不少乡村走出了致富新路，实现了“生态美、百姓富”的幸福愿景。

李秀一　刘爱峰 / 文

山东威海：

逐梦沃野绘新景，乡村振兴谱新篇

乡村振兴战略是党的十九大提出的一项重大战略。为让群众切实看到变化、得到实惠，山东省威海市环翠区高点站位，笃定目标——“乡村振兴工作要出精品、争一流、走在前列”。

环翠区围绕威海市委、市政府打造乡村振兴齐鲁样板威海篇的总要求，按照城市化带动、精致化引领、样板化推进的思路，以“打造市民享受慢生活首选目的地”为目标，加快推进6个乡村振兴样板片区建设，不断开创乡村振兴新局面，实现农业强、农村美、农民富。

全域做样板：六大样板片区连点成片、错位发展

环翠区有4个涉农镇街、58个行政村，其中规划保留村43个。如何科学布局、以点带面，从单打独斗到拧成一股绳，连成一大片？

环翠区实地探索，找准全域发展之“钥”——全区一盘棋、全域做样板，打造“1+5”市区两级样板片区建设体系。

◇景色怡人的环翠区

根据村落布局和资源禀赋，起步早、基础好的里口山区域打造1个市级样板片区——环翠区里口山近郊休闲样板片区，为全区树立标杆。依托辖区内正棋山、宝石山、玉皇顶、冶口水库、五渚河等自然风光，规划建设轻户外运动小镇样板片区、宝石山高效生态农业样板片区、玉皇顶文旅融合样板片区、五渚河生态样板片区、正棋山休闲样板片区5个区级片区。

唱的是“乡村戏”，弹的是“协奏曲”。6个样板片区，涵盖了全区所有43个规划保留村。片区内，产业发展、人才集聚、文化传承、生态涵养、乡村治理等方面一体布局推进，将特色产业发展与美丽宜居乡村建设、精品旅游、脱贫攻坚等工作有机融合，为全域整体推进乡村振兴绘就了蓝图，实现了全域推进、错位竞争。

产业有特色：54个重点项目孕育新机、激发活力

产业是乡村振兴的源动力。把握文旅消费内循环转换的黄金机

遇期，环翠区大力发展以吃住行游购娱、商养学闲情奇为特色的农文旅融合产业，谋划了总投资 4.4 亿元的 35 个产业项目，现已完成投资 3.6 亿元，30 个项目已完工并投入使用。

秋末时节，走进羊亭镇贝草夼村，群花争艳，草木生香，处处呈现出一派生机盎然的景象。“这里以‘田园会客厅’为主题，重点建设滨水餐厅、趣味游乐场、一分田农事体验园、野炊自助餐厅、水上素质拓展、乡村主题民宿等产业项目，打造成集乡村休闲旅游、田园亲子体验、生态居住餐饮于一体的高端田园综合体。”羊亭镇贝草夼村党支部书记王恩茂说。

围绕放大近郊休闲主题，在里口山片区，新建了清怡茶园、贝草夼田园会客厅等高层次文旅产业项目。截至目前，共引进文创团队 7 个，盘活闲置民房 134 栋，建成柿园、夏至等精品民宿 12 个，发展精品农家乐 22 家、精品采摘园 2600 亩，年接待游客达 249 万人次，带动 11 个村、1700 余户农村居民增收致富。

围绕做精“轻户外”运动主题，与威海自行车运动协会等体育组织合作，大力招引社会资本，建成石窝剧场、环湖步道、骑士驿站、星河乐园等精品项目，倾力打造威海市民轻户外运动首选目的地。2020 年国庆、中秋“双节”假日期间，成功举办了星空帐篷节、灯光音乐节、儿童平衡车大赛等 10 余场大型文体活动；全国山地自行车赛连续 4 年落户环翠。石窝剧场先后获得 LICC 伦敦国际创意大赛建筑设计类一等奖、美国 ADC 第 99 届年度奖·佳作奖，建筑界奥斯卡大奖（Architizer A+ Awards 专业评审奖）等 7 个国际大奖。

围绕壮大高效特色农业，新建宋家疃西红柿产业园、南郊葡萄园、堡子顶智能温室樱桃园等 18 个重点特色产业项目，12349 农副产品物流产业园、博宇水产两个千万级农产品加工项目投产，全区

◇环翠区盘活的民房

市级以上农业产业化龙头企业发展到 14 家。同时，将扶贫产业项目建设与样板片区建设统筹谋划，投资 178 万元，新建产业扶贫项目 2 个，带动全区 235 名贫困群众年收入突破 9000 元。

一个个项目的落地，保证了样板片区建设有目标、有载体、有抓手。截至目前，共完成投资 4.3 亿元，41 个重点项目提前完工。

落实有保障：美丽宜居乡村绘出新画卷

为确保乡村振兴各项任务高效落地，环翠区坚持党建引领，完善保障机制，加大投入力度，将“精致”理念贯穿美丽宜居乡村建设全过程，绘出美丽宜居乡村新画卷。

环翠区从机制建设入手，坚持领导挂帅，从区四套班子中，选配“三农”工作经验丰富的区级领导，分别担任 6 大片区指挥长；财政、发改、水利、农业农村、文旅等行业部门，成立片区建设“小专班”。指挥长和小专班针对片区建设的具体问题，定期组织现场办公，研究解决方案，全方位服务片区建设。同时，组建乡村振兴智囊团，对片区规划、产业布局、文创理念、宣传包装等各环节进行“把脉问诊”，用高端智库助力乡村高水平振兴。将2020年初确定的乡村振兴21项重点任务全部纳入目标考核体系，实行周调度、月暗访、季通报。

为持续改善农村人居环境，投资1.5亿元，实施了农村居住环境综合整治七大专项行动，启动了36个村的污水灰水治理工程和39个村的集中供水工程，2020年全区农村污水集中处理率达到80%，规模化供水率达到91%；完成12条、22.3千米农村公路改造升级，对剩余3个村、1.7万平方米入户路全部硬化，率先实现“户户通”全覆盖；完成11个村的小游园新建改造工程，实现农村精致小游园全覆盖；完成17条河道清淤美化治理。

坚持党建引领，全面推进乡村治理“六治一网”社会治理工程、后进变先进工程、信用进农村工程、头雁领航工程、文化铸魂工程等“五大工程”。

目前，环翠区将6大片区划分为47个基础网格，全部配备了专业网格员，搭建智能化信息平台，建立吹哨报到全响应机制，实现群众诉求一键响应、乡村治理一网联动，基层风险隐患防范化解能力显著提升。将信用评级与村级福利、评先选优挂钩，建立信用超

◇环翠区宽敞的广场

市 32 处，实行信用积分兑换 2000 余次，初步形成乡风文明、治理有效的新格局。

逐梦沃野绘新景，乡村振兴谱新篇。环翠区正凝聚各方力量，精心“雕琢”，推动乡村振兴的图景不断向纵深铺展。

王　伟 / 文

北京大兴：

“美、传、增”上出实招，打造特色花园“小镇”

北京市大兴区魏善庄镇南部的半壁店村，处在北京市南中轴延长线上，处于大兴区中心地带。村域面积 1900 余亩，其中农用耕地面积 1500 亩，生态防护林面积 50 亩，村庄占地面积 350 亩。村庄现有居民 210 户，总人口 620 人，先后获得市级“最美的乡村”、“党建工作先进单位”、“五个好”村党支部、“北京郊区生态村”、“首都绿色村庄”等荣誉称号。

半壁店村作为大兴区 10 个市级“最美的乡村”之一，村“两委”坚持党建引领，以美景饰村、文化兴村、产业立村，在“美、传、增”上出实招，持续打造干净整洁、宜居宜业的特色花园“小镇”。

美景饰村，在“美”字上求实效

为持续打造干净整洁、宜居宜业的美丽新农村，半壁店村发挥党员先锋模范作用，依据区级美丽乡村建设政策，进行基础设施的提档升级，同时，加大绿化美化面积，倡导垃圾分类，助推生态环境建设。

一是村庄绿化美化，打造乡村生态美。对村庄主干道两侧、村民房前屋后进行绿化，栽植了黄杨、鸢尾、碧桃、月季等乔灌木。同时，结合村庄文化，打造特色景观，村东、村南有美丽的银杏林环绕，走在蜿蜒的步道上可以欣赏自然美景。这使该村成为远近闻名的花园式村庄。

二是完善基础设施，提档升级补短板。村东南新建公共浴室1个，满足村民足不出村的洗浴需求。村中安装了太阳能路灯，让村民夜间出行更加方便。拆除了原有的简易厕所，建设了水冲式的公共卫生间，更加环保、美观、方便。建设停车场，能够同时容纳4辆旅游大巴车与74辆小客车停放，方便村民和游客停车。村庄基础设施的档次不断提升。

三是实行垃圾分类，倡导绿色新风尚。积极响应垃圾分类“撤箱换桶”的管理模式，集中投放容量为240升的垃圾桶，方便村民分类投放，并实现定时清理。村内有专职保洁员每天清扫街道，回收和运输垃圾。

文化兴村，在"传"字上做文章

半壁店村一直将"乡风文明"视为乡村振兴之魂，村党支部书记带领全体村民，在提升村民生活水平的同时，从多个层面深入践行社会主义核心价值观，为乡村振兴注入强大的精神动力。

一是优良学风蔚然成风。半壁店村长期以来学风旺盛，村民既能下田拿锄，又能伏案提笔，村内各家各户形成优良学风，600余人的村庄中教师职业占比高达15%，有的家庭甚至一家三口都是教师。

二是文化活动比比皆是。半壁店村积极开展文化娱乐活动，村中建有2400平方米的健身文化广场，设有篮球场、羽毛球场等活动场所，各类健身器材齐全，能够容纳全体村民在此锻炼身体。该村还成立了舞蹈队，积极参加区里、市里组织的比赛，多次获得较好名次。

三是文化传承唤回乡愁。半壁店村在进行建设时，出土了一批有历史价值的瓷器及瓷片，经专家考证最早可追溯至北宋。村西北角的大槐树，树龄达300岁，依旧充满生机，是该村悠久历史的见证。村中有一位96岁的张殿臣老人，他酷爱书法，如今依旧能挥毫泼墨，笔法苍劲有力。另一位老先生，曾担任北京印刷学院的教授，利用工作之余撰写了一部10余万字的半壁店村村史。

产业立村，在"增"字上下功夫

近年来，村"两委"深入研究，抓住月季洲际大会建设契机，结合本村特点，开展土地流转工作，引入高端花卉企业，打造月季产业基地，发展月季产业，实现产业转型升级。

一是推进土地流转，下好发展“先手棋”。2013年，为彻底解决土地零散、村民种植费力和收入低等问题，半壁店村决定将该村1700余亩土地流转，统一交由专业管理公司进行集约化经营管理，村民每年收取土地流转固定收益2500元。其收益远远高出种植小米、玉米的收益，也为后续土地高效利用、农民增收奠定了良好基础。

二是发展月季产业，牵住增收“牛鼻子”。半壁店村南部有纳波湾月季园与亿水阳光古老月季园，两个园区总体占地1000余亩。纳波湾月季园以月季育种、新品种研发为主要职能，亿水阳光古老月季园则以古老月季品种展示为特色，均是集景观观赏与产业发展为一体的新型产业模式。同时，月季园区也提供了大量的就业机会。村民经过培训，就可以进入新的工作岗位，工资性收入进一步增加。

三是打造花园小镇，找准转变“金钥匙”。在旅游产业迅速发展的大背景下，2015年起，经政府扶持，该村与主营绿色发展的集

◇风景如画的乡村美景

◇特色小镇

团合作，积极吸引社会资本盘活闲置农宅，开发工作室、民宿，打造"泰迪低碳小镇"，营造绿色、低碳、环保的生活氛围。同时，村民通过定期收取租金，收入水平也日益提高。

北京市农业农村局 / 文

湖北通城：

美丽乡村建设之东山模式

多方发力，用活美丽乡村建设这把“金钥匙”

走进地处湘鄂交界处的湖北省通城县马港镇东山屋场，犹如走进一幅动人的山水画卷。连绵不绝的竹海，漫山遍野的树林，清澈的溪流，古朴的民居，村在林中，林在村中。

几年前，这里还是名不见经传的穷乡僻壤。如今，伴随着美丽乡村示范点的建设，这里已成为湘鄂两省毗邻地区最具人气的乡村游景区之一。

2018 年以来，在通城县委、县政府的大力支持下，在县委办公室的对口帮扶下，按照建设美丽乡村新典范、宜居宜业新农村、休闲旅游新景点的要求，东山屋场开始了美丽乡村示范点建设。从开工到完工仅用半年左右的时间。

健康是时代的主题。东山屋场紧靠 106 国道，山清水秀，环境优美，人文资源独特，毗邻古瑶文化发祥地，传承于古楚文化圈。设计方案以“健康中国·美丽东山”为主题，融合传统中医药、农林、果蔬采种，围绕“一轴、三环、四片”的整体构架进行产业布局。结合当地地形地貌特点，以朱雀、玄鸟、凤凰等主要图形为元素，设计了东山屋场主要形象标志，这秉承了浓厚的荆楚文化血脉，彰显了荆楚文化特点，又融入了瑶文化元素。

东山屋场既保留了原生态的自然风光，又有着现代城市的时尚元素，融合传统中医药、农林、果蔬采种和旅游观光，带动村民就业创业，实现脱贫增收。

挖掘资源，把牢文化振兴这颗“定盘星”

湘鄂两省交界的马港，原名“九岭”。这里，捡起一块砖就是一个故事，拾起一片瓦就有一个传说。这里，诞生了通城第一位共产党员。这里，曾是抗日战争时期长沙保卫战的湘北前线。

据史料记载，1941年1月，日寇以15000余兵力，大举进犯九岭，以致九岭前线诸多战略要地失守。时任第五十八军副军长鲁道源奉命赴前线督战抗击，并收复失地，遂题词“立马九岭”，以示纪念。

以文化人，以文惠民。近年来，东山屋场建设者通过深入挖掘与弘扬厚重的历史积淀，在传承中坚守，在创新中发扬，让红色文化、民族文化成风化人，大大提升了老百姓的获得感、幸福感。

“建筑为形，文化为魂。”文化是绵延千年的命脉。东山屋场围绕抗战历史，在入口山体上建成了“立马九岭”纪念园；围绕村口百年古樟，建成了“古樟斜阳”观景平台；在右侧山体步道沿溪而上，可“信步观溪”；徜徉在左侧山腰的竹林步道，可感受“竹海

◇冬日的东山屋场（图片来源：通城县人民政府网站）

清风”；人工湖种植湘莲，构成“青荷落照”景观；围绕屋场中轴线，修缮“医博生香”博物馆；加固改造“月字塘”，形成了“东山映月”景观。

东山屋场 8 处自然和人文景观亮点，统称为“东山八景”。八景之外，还制作文化墙彩绘、宣传画、宣传标牌 30 处，宣传优秀传统文化和社会主义核心价值观。

如果说文化是东山屋场的魂魄，那么马港人对崇德向善精神的追求，则是东山屋场永续发展的强大基因。

村民自治，牵住人居环境整治这个“牛鼻子”

乡村要振兴，生态宜居是关键。美丽乡村建设过程中如何实现“建设”与“保护”两者之间的完美衔接，东山屋场的答案是“看得见山，望得见水，记得住乡愁”。

东山屋场以“原生村”提质为主线，不砍树，不挖山，不填湖，不拆房，不搞大拆大建，对居民区和原生态的屋场景观进行修缮改造，因势象形，应势造景，构成山与水相映、花与树相间、路与景相连、人与自然相融的田园景象。

东山屋场整合交通、水利、住建、国土、环保、农业、旅游等方面资金1000余万元，实施道路升级、房屋改造、水系打造。高标准建设屋场循环公路3千米，形成了机动车道、自行车道、步行道为一体的道路体系；高标准建设文化广场1个、公厕2个、停车场2个、山间木栈道2条；建成人工湖2个，水面面积17.43亩；改造水溪2条，长1.15千米。

东山屋场实行自主管理、自主服务的村民自治模式，充分调动村民主动性，突显村民自治，负责分片划区范围内的环境整治，做好房前屋后的卫生维护、绿化养护等工作。东山屋场还特别重视生活垃圾和污水治理工作，安装分类垃圾箱30个，改造排污管线300余米，配备保洁员2名，定时进行垃圾清扫和清运。

◇东山屋场健身的民众（图片来源：通城县人民政府网站）

东山屋场利用村边荒地、荒滩和环村道路，共投入绿化资金90余万元，种植了生态林、经济林、花卉苗木等，建设供村民休闲、游憩的游园绿地。

转型升级，找准绿色生态“致富路”

登“信步观溪”，感受“竹海清风”；游人工湖，赏湘莲，在“青荷落照”留影；吃农家饭，品藏香猪肉；体验蔬菜采摘乐趣……

马港镇创业成功人士胡朝积极响应县委县政府号召，投资近千万元将东山休闲山庄打造成一个集生态休闲、餐饮、种植、养殖为一体的现代化绿色民宿农庄。

东山休闲山庄，总面积约 1 万平方米，设有停车位 100 个、篮球场 1 个，门前是儿童乐园和共享菜园，有饮食、住宿、会议三大主要服务功能，有 KTV、棋牌、烧烤等项目。烧烤基地可同时容纳 100 人烧烤。

刘建平　葛七甫 / 文

浙江永嘉：
“内外兼修”铺就乡村振兴新画卷

浙江省永嘉县的乡村，到处是一派生机勃勃的景象。楠溪江水穿城而过，山中云雾氤氲缭绕，白墙碧瓦的农家庭院鳞次栉比，楠溪特色——蚱蜢舟轻帆荡漾……

近年来，永嘉抢抓乡村振兴战略历史机遇，聚焦产业兴旺、生态宜居、乡风文明、治理有效和生活富裕总要求，着力推进乡村产业振兴、人才振兴、文化振兴、生态振兴和组织振兴，美丽创建全域提升效果显著，成为温州市唯一的全国“两山”发展百强县，顺利创成省级美丽乡村示范县。永嘉到处都是乡村振兴的舞台。

乡村生态，绿水青山展新颜

走进岩坦镇源头村，一排排整齐的农居古色古香，各家各院种满花草，花街、孝心廊、源头埠头、舴艋舟文化馆都引得游客驻足，村

◇岩坦镇源头村

内民宿、农家乐、生态停车场等基础设施也一应俱全。很难想象，就在两年前，这里还是环境脏乱差的典型村。

源头村是悠悠三百里楠溪的水上运输第一埠，因而得名“源头村”。这里森林覆盖率达90%，楠溪的江水资源及森林资源共同绘就了源头村绿色的底色。2017年村社组织换届后，村党支部以猛药去疴的决心，发起了一场“环境革命”。

党员带头开展“一整三拆五清”行动，从自家做起，通过自身的行动感染全村全员参与到环境整治中来，设岗定责设置河道保洁、环境整治、边角绿化等党员先锋岗，组织党员认领并开展洁化、序化、绿化等“三化”活动，一改过去“脏乱差”的局面。

全村面貌焕然一新是源头村加强农村生态环境保护、建设生态村取得的成就，更是永嘉乡村生态文明建设的真实写照。

近年来，永嘉不断擦亮“全国生态特色旅游县”“浙江省旅游发展十佳县”金字招牌，同时将推动乡村振兴作为最大的历史命题，围绕“美丽永嘉”全域环境大整治大提升行动，全力推进美丽村镇和美丽景区建设，因地制宜造精品，高标准打造乡村振兴示范带，融入温州西部生态休闲产业带建设，撬动当地绿色崛起。

目前，永嘉已相继开展"岩坦楠溪古韵""鹤盛山水诗画"等"5+1"条乡村振兴示范带建设，累计完成投资总额12.6亿元，并成功创成省级特色精品村16个、市级美丽乡村精品村82个，培育A级景区村庄238个，精心做好古村落保护和开发，完成省级历史文化村落保护利用重点村（一般村）建设19个，永嘉乡村正从"一处美"向"一片美"再到"整体美"华丽转身。

乡村文明，公墓革命育新风

"以前这里几乎漫山是坟，坟背高达1米以上的'椅子坟'堆满了山，既不美观，又吓人，成了村里发展的绊脚石。"岩坦镇小舟垟村相关负责人指着对面的门前山介绍说。

温州曾是全国"青山白化"问题最为严重的地区之一，永嘉因为山区面积大，"青山白化"治理尤为艰难。

近年来，永嘉首创了"公墓革命"，从去除坟圈、不留坟头的1.0版本，到二维码鹅卵石做墓碑、青松如盖、绿草如茵的2.0版本，再到探索附加殡葬需求的"归根园"3.0的版升级之路，成为全市殡葬改革的新样板。

"一开始群众坚决不同意改造，当时一位82岁的李姓老人在改造项目启动时，拿着柴刀、木棍坐在坟边闹。"负责这项工作的人员说。

为推动"公墓革命"，村里的党员干部带头发动亲属拆改，召开党员大会和村民代表大会20余次，消除村干部、村民代表顾虑和群众的抵触心理，组织能人乡贤、两代表一委员、老党员老干部进村入户恳谈做工作，了解群众对坟墓生态化改造的想法，梳理出可能影响坟墓生态化改造的思想观念、资金保障、政策处理等重难点问题，并针对此开出“处方”。

渐渐地，村民态度有了转变，鹅卵石墓地有了第一个、第二个、第三个……如今，小舟垟村的“椅子坟”被种上了平整的草皮，用取自楠溪江的鹅卵石做墓碑，置入二维码，手机扫一扫便能登录网上纪念馆了解墓主生平。山脚下，随处可见村民健身、散步的身影，村民们相聚在一起唱着小曲、唠着家常，一片和谐之景。

据悉，从 2017 年至今，永嘉县已累计整治新建、翻新、刷白私坟 3600 多座，完成私坟生态化改造 3100 多座。下一步，永嘉县还将重点打造 3.0 版本的“归根园”，将绿色殡葬进行到底。

乡村治理，善治新路夯根基

永嘉作为人口大县，社情民意相对复杂，乡村治理也面临着巨大的挑战。近年来，永嘉着力打造具有永嘉特色的“枫桥经验”，全力打造共建共治共享的社会治理格局。

乡村治理先要理好村民“钱袋子”，治好村里的“三资”（资金、资产、资源）。2018 年 12 月，瓯北街道玛道社区作为第一批试点村社，开始试运行“三资智慧监管系统”，通过层层把关、步步留痕，使基层“三资”监管有了“火眼金睛”。

在玛道社区二楼财务办公室，社区报账员苏晓静要报一笔卫生费，现在等所有“证据”全部上传后，只要点击提交审批，社区干部、驻村干部、社区财务主管等，就会依次在线上完成审批和审核确认。

“以前我要拿着审批单挨个单位找领导签字，有时赶上领导不在，就会白跑一趟，报一次账得用一周时间。现在我只要上传好报

◇工作人员在介绍"三资智慧监管系统"

批件，审批领导在线审批，最快一个小时就能完成报账。"苏晓静说。

"三资智慧监管系统"，集"三资"全面监管、审批线上监督、大数据综合分析、矛盾风险实时预警、流转阳光公开等功能，实现农村"小微权力"的智慧监督，有效破解当前财务管理混乱、资产管理失序、资源处置不当等农村"三资"监管难题。

刘志媛／文

吉林梅河口：

魅力山城梅河口，人居环境美如画

深秋的吉林省梅河口市，枫叶飞舞，稻谷飘香。

梅河口市李炉乡永强村村民庞念玖老人在村民广场上高兴地介绍自己的经历："我今年 81 岁了，只要天气好，我天天到广场上晒太阳。我是 1957 年来到这个村子里居住的，以前这个村子，环境太差了，雨天'水、泥路'，晴天'扬灰道'，下雨天不穿雨靴出不了村，也进不了村。春夏秋天，家家户户还要紧闭门窗，要不然，刮一阵风，村民家里都是土和垃圾。现在好了，自从党和政府开展人居环境大整治后，我们村变美了，变干净了。我们现在就像是居住在大花园里一样，我们要感谢党、感谢政府为我们百姓做的实事和好事！"

李炉乡的变化，是梅河口市人居环境整治的一个缩影。

党建引领，坚持“书记抓、抓书记”

在梅河口市各乡村，党建宣传墙上始终宣传着党的一大到十九大走过的历程，始终宣传着全心全意为人民服务的宗旨，始终宣传着党和政府作出的决策部署是让人民群众过上幸福美好的新生活！李炉乡党委副书记张洪飞说：“在全市开展人居环境大整治活动中，我们乡始终坚持党建引领、群众参与这一原则，积极有效地开展了这一活动。”

据了解，2019年梅河口市启动了实施“百村示范”工程，确定利用3年时间完成全市303个行政村创建的工作目标，实现农村人居环境水平大改变、大提升。梅河口坚持“书记抓、抓书记”，建立市委书记、镇党委书记、村党组织书记和村第一书记抓落实责任制，形成全市上下联动、同向发力的创建格局。梅河口还把“百村示范”工程纳入乡镇绩效考核，考核权重占比为32%。2019年，梅河口市乡两级累计投资9000万元，打造示范村85个。2020年，全市计划投资6500万元，再打造示范村65个。

永强村党支部书记宋晓宇说：“我是2006年担任村党支部书记的。2013年，永强村被确定为梅河口市社会主义新农村建设试点村，我就和村‘三委’精心谋划环境整治，购买了手推车、扫帚、锹镐等工具，配备了5台垃圾清运车，对全村垃圾实现日产日清，扭转了环境脏乱差的局面。目前，全村植树8500棵，栽种花草30多万株，新建仿古式围墙3200延长米，硬化边沟3000延长米，安装路灯287盏，新建文化广场2处3000平方米。村民的收入，也由2006年的4000元提高到现在的20000多元。永强村所有的变化，是在党建的引领下成功实现的。”

聚焦工作难点，开展村庄清洁攻坚行动

梅河口市始终把拆乱治脏放在“百村示范”创建工作第一位，全面开展村庄清洁攻坚行动。

2018 年全面开展了垃圾、厕所、污水、农民生活方式和农村柴草垛堆放“五大革命”。

2020 年，他们以疫情防控为切入点，统筹推进疫情防控和农村人居环境整治，建立了市级领导包保制度，所有乡镇第一时间开展环境消杀。动员村民在做好自我防护的情况下进行卫生大扫除活动，全面清理病菌滋生地。同时，全市从治脏入手，全面开展“四清”行动。重点开展清垃圾、清河道、清粪污、清柴草行动。率先实施城乡环卫市场化运作，新建山城镇、海龙镇、红梅镇垃圾处理中转站，建立了千人规模的专业化环卫队伍，实现全天候常态化保洁。与此同时，全市还全面开展拆乱除破行动。树立无破不立的建设思想，对

◇人居环境美如画（图片来源：梅河口市人民政府网站）

农户房前屋后的破旧设施和房屋做到了应拆尽拆，既保留了原始风貌，又为改善人居环境留足了空间。

2019 年 3 月，双兴镇福兴村被确定为打造示范村。但该村整体面貌“有横有竖，有上有下”，苞米篓子横七竖八，砖头瓦块乱堆乱放，农用工具摆放无序，杖子东倒西歪，步道半零不落，圈舍气味难闻，危房摇摇欲坠。还有部分房屋常年荒废，无人居住，破瓦颓垣，杂草丛生，门可罗雀，一片荒凉落寞的景象。村民还存在杂物有用没用都不能扔的守旧思想。所以工作的初期，村干部有畏难情绪，村民也特别不配合。

但村党支部书记姜发不放过任何让老百姓享受好政策的机会，于是他带领村“三委”到先进的村去学习，回来后召开村民大会，向村民介绍：“以前村里没有钱，没法把生活环境搞上去，现在市、镇给钱来造福我们，我们更应该齐心协力，做好这件事。”在他的动员下，村“三委”全员出动，每个村干部包保八户。

在村干部和群众的共同努力下，福兴村提前完成了拆违治乱工作，拆除有碍观瞻的建筑 187 处，其中圈舍 87 处、危旧仓房 16 间、棚厦 36 处、玉米楼 34 间、厕所 14 个，拆除破旧栅栏 1900 延长米，清理农户庭院 57 户。

据梅河口市农业农村局提供的数据，市、乡两级财政 3 年已累计投入资金 5.5 亿元，拆除危旧仓房、棚厦、圈舍等 13500 余个，打造农村人居环境整治示范村屯 150 个、创建美丽庭院干净人家 7.1 万户，新建农村户用厕所 2 万个、水泥固定垃圾箱 3600 个，购置配齐了垃圾处理设施设备。

人居环境美丽，带来百业兴旺

梅河口市在抓好人居环境整治工作的同时，也迎来了百业兴旺的热潮。全市以全景建设为基础，打造独具特色的“百村示范”典型。他们重点做好园子、院子、屋子文章。在拆违治乱的基础上，按照花园式村屯和标准化菜园的要求，精耕细作园子、院子、屋子，做到串点成线、连线成面、形成风景。同时，以生态、人文、宜居为主基调，不搞“一刀切”，不搞百村一面，做到村村有特色、屯屯有文章。遵循花小钱、多创意、低成本、巧装扮、微改造与巧更新相结合的原则，依托地域特色设计村屯整体风貌，打造景观节点 389 处。

美丽的人居环境，带动了全市旅游业和其他产业的发展。全市通过“农业 + 田园 + 小镇 + 文化 + 旅游”多位一体的模式，推进农村产业兴旺、生态宜居、乡风文明、生活富裕的建设进程。

梅河口市曙光农业生产种植合作社把音乐元素“注入”水稻生产当中，成为全市美丽乡村建设的新亮点。合作社理事长姜连武说：“农村环境美了，我们的企业越来越好，春夏秋季来我们合作社参观和旅游的人很多。现在我们合作社的绿色大米每斤都在 10 元钱以上。来参观旅游的人又拉动了我们区域内的餐饮、住宿、农副土特产品的销售等。可以说，一业兴旺，百业就兴旺！”

闫红玉　叶　雪 / 文

山东济宁：

实施生态修复，重塑绿水青山

以采煤塌陷地治理作为推动转型发展、高质量发展的重要抓手，山东省济宁市探索出了控转并举、科技支撑、生态修复、盘活资源等多元化的治理模式。2018 年至 2020 年，济宁市累计投入资金 19.02 亿元，实施历史遗留露天矿山生态修复项目 78 个、采煤塌陷地项目 124 个，修复破损山体 1.6 万亩，治理采煤塌陷地 12.1 万亩。

让塌陷地变成良田、生态公园和产业示范区，向着充满活力的绿色生态之城建设目标迈进。

创新“导入型煤塌区治理模式”

矿产资源丰富的济宁市，拥有煤炭储量 150 多亿吨，年产原煤 8000 万吨。长期的煤炭开采，让生态环境“遍体鳞伤”。煤炭采空区塌陷地、废弃采石场等一度成为济宁发展生态之城的“拦路虎”。

2018 年，济宁市以非煤矿山地质环境保护与治理规划编制为契机，开展了历史遗留非煤露天矿山地质环境现状调查工作。资料显示，济宁历史遗留责任主体灭失露天矿山共造成土地破损面积 9.7 万亩，每年由于采煤造成的土地塌陷面积达 4 万亩。目前，济宁市土地累计塌陷面积 78 万余亩。

面对满目疮痍的矿坑，如何实现生态修复，重塑绿水青山？

近年来，济宁市秉承统筹实施、集中连片、规模建设的原则，分阶段、分批次制定了治理进度表，将全市划分为三大片区，通过以优先恢复耕地为主，因地制宜地开展生态修复治理行动。东部生态景观治理区，重点实施邹城市太平煤矿地质环境恢复治理工程、邹城市中心店镇沉陷区生态农业治理工程、曲阜市兴隆庄沉陷区文旅产业治理工程 3 项工程；中部城市功能开发区，重点实施兖矿集团沉陷区接续产业治理工程、太白湖新区塌陷地生态修复工程、济宁高新区接庄街道采煤塌陷地治理工程、任城区唐口煤矿采煤塌陷地治理工程 4 项工程；南部湿地保护治理区，重点实施微山县傅村街道塌陷地农渔业治理工程、鱼台县鹿洼积水塌陷地湿地生态治理工程 2 项工程。

围绕农业治理、生态治理、产业治理，济宁市在重点推进农业复垦的同时，大力推广光伏基地、储能和生态旅游、自然恢复等治理新模式，推进治理新技术应用，建设“塌陷地 + 光伏”基地，打造汶上农业复垦区，高新区十里营、大屯村塌陷地生态修复治理项目等一批示范项目，发挥引领带动作用，形成资源共享、要素互补、产业互动的良性治理机制。

采煤塌陷地的综合治理不仅要治理存量，还要研究如何让采煤区尚未塌陷的土地可持续地利用。

2020年，济宁都市区绿心项目“渔樵耕读”启动区正式开工。这标志着山能集团探索产业导入型采煤塌陷地综合治理新模式按下了启动键。

“启动区位于还没有塌陷的山能集团东滩煤矿六采区地表，通过推进土地预治理工程，将煤矿开采影响范围内的优质表土挖取集中存放，利用矸石充填。”山能集团生态修复综合治理办公室主任贾明献介绍道。此举不仅解决了矸石存放占用问题，还平整恢复了土地，为导入现代农业产业园创造了优良条件。

塌陷区变成湿地公园

“我们现在所在的地方，原来都是塌陷地，经过治理，眼前看到的这片水域，基本都保持了原有的生态。”济宁邹城市太平国家湿地公园服务中心高级工程师黄鑫说。塌陷地治理不再单一采用传统的“挖深垫浅”治理模式，通过放缓坡，让塌陷区里形成不同坡度，形成了水生植物群落。有了植物，塌陷区生态环境持续向好，目前区域内湿地面积占比达到42.75%。

现在的邹城太平国家湿地公园犹如一块璀璨的明珠镶嵌在济宁大地之上。走进公园，芦苇荡随风起伏，杨柳枝随风摇曳，目之所及皆是风景。

早些年，这片面积数十平方千米的土地却是另外一番景象：大面积的采煤塌陷使有营养的土壤与地下沙砾混在一起，让这里的植被失去了生存的根基，旱时黄土飞扬，涝时渍泥遍野。太平镇有5万多亩采煤塌陷地，属于无法复垦的重度塌陷区。济宁市综合采用岸坡治理、生态复绿、鱼塘整治等方式，按照国家湿地公园的建设标准实施生态治理，将此地打造成煤炭塌陷地新生湿地建设样板。

在规划设计上，湿地公园主建筑群区域面积约 18 万平方米，建成观澜书院、汤家花园、古刹禅林、柳隩渔村等，整体建筑布局采用“南静北闹”的格局，各处独具匠心：渔村车水马龙、书院宁静致远、花园静谧美好、禅林古朴厚重，既起到了环境治理的作用，又体现了“孔孟之乡”的文化底蕴。

碧波倒映着岸边的杨柳，湖面上还不时有飞鸟低空盘旋。目前，太平国家湿地公园生长着高等维管植物 400 种，栖息着脊椎动物 215 种，其中包括国家Ⅱ级保护珍稀鸟类 15 种。优良的生态环境还引来了全球“近危”物种、被称为“鸟中大熊猫”的震旦鸦雀和世界“极危”物种青头潜鸭。以前的“疮疤”已成为融生态保护、科普教育、湿地体验等功能于一体的“生态客厅”。

实施沉陷积水区生态修复，开展平原水库规划建设、人工湿地水质净化工程和鼓励扶持接续产业项目建设。2020 年，济宁市针对沉陷区土地利用适宜性进行评价，以高水平、高标准推进采煤塌陷地治理，并编制了“十二明珠”项目规划，结合乡村振兴、城乡建设用地增减挂钩等契机，以乡镇为单位实施全域土地综合整治。

“十二明珠”范围内预存的土地复垦费用，由政府与煤炭企业对接，签订委托代为治理协议，政府统一组织实施治理，并监督企业按年度销售收入 3.5% 的比例预提采煤塌陷地综合治理费，投入采煤塌陷地综合治理。

“亮晶晶的珍珠”助农增收

2019 年 10 月，兖矿清湖生态科技（山东）有限责任公司把生物链治水·靶向珍珠养殖技术带到了太平国家湿地公园。通过改善水质，调节水域生态平衡，他们在31个塌陷坑塘里养殖了109万只珍珠蚌，预计年收入可达2000万元。该公司总经理助理费林江说："自动化管网定时定量通过管网输送藻类营养液，可以让珍珠蚌更好地生长，产生良好的经济效益。"养殖水域自西向东全长共16千米，能够带动1000多名农民致富。

今天的太平国家湿地公园，珍珠养殖业成为特色产业、绿色项目。利用充沛的水资源优势，湿地公园与当地养殖企业和居民合作，联合开展珍珠养殖项目。在养殖现场，工作人员划着渔船，将一个个装有珍珠蚌的寄养笼子扔到水下，通过智能投喂系统向这些珍珠蚌输送养分。

在泗水县圣水峪废弃矿区土地修复项目中，惠丰农业开发工程有限公司累计流转土地8000亩，修复土地2000亩，种植葡萄700余亩，种植地瓜、蔬菜、樱桃等果蔬百余亩，种植的农产品均已通过有机食品认证、生态原产地认证。同时，该公司建造了200余亩湿地，形成了独具特色的湿地小气候，吸引众多动物聚集，为区域物种多样性打下了良好的生态基础。

"以前这里到处是露天矿区，百余家矿厂随意开采铁矿资源，矿坑密布、乱石遍野、尾矿遍地，水土流失严重。受土地质量和气候的影响，高产量的农作物也无法种植，只能种植花生、红薯等抗旱的经济作物。"回忆起当年乱采滥挖带来的沉重灾难，圣水峪镇后等齐村原支部书记刘玉岱痛苦地回忆道。村民的收入来源单一，日子难过，年轻人只好外出打工，村里剩下大量留守儿童和老人。

自废弃矿区土地修复工程启动以来，年轻人告别四处奔波的日子，在家门口就能打工致富，妇女和老人也可以到生态农场里干些力所能及的活儿。这样一来，每户村民的年收入都由几年前的几千元增加到了现在的几万元。

“目前，在我们公司干活的附近村民有五六百人，月平均工资有四五千元。年岁大点的和家庭妇女在果园上班，按日结算费用，每天有百八十元的工资，上一天有一天的钱，工作较为自由，基本上一年四季都有活儿干。”该公司董事长孙泽岭介绍道。

截至 2020 年底，该公司累计支付农民土地流转金和本地农民工资 1.04 亿元，累计向附近村集体、个人捐款捐物 300 余万元。

王汝雅 / 文

陕西蓝田：

资本下乡“童话沟”，美景产业兴乡村

5月的“桐花乡约·乡村公园”，宛如一座世外桃源。环山路旁，沿坡而上，在通往村子的入口处，人们就会被这里的美景深深吸引：木桥、茅屋、荷塘、石凳……像是被“设计”过一般，处处呈现出别样韵味，完全不似普通关中乡村的模样。

“桐花乡约·乡村公园”坐落在陕西省蓝田县九间房镇桐花沟村。这里远离尘嚣，风光旖旎，民风淳朴，被誉为“童话沟”。

昔日的贫困村如何将乡村美景与产业发展相结合，让村民一起致富奔小康，成为村庄发展急需破解的难题。近几年来，在农业农村部门的大力撮合之下，来自城里的资本与“童话沟”握起了手，逐步形成了资本下乡扶产业、智力下乡带发展的桐花沟乡村振兴模式。

◇秦岭脚下的桐花沟村

资本下乡，贫瘠的山梁沟壑变成“金山银山”

“咱们这都是山梁沟壑，种地劳动强度大不说，还投入多、产出少，基本上靠天吃饭。”桐花沟村离任干部程宏其说，“这些年，村里的年轻人几乎都到西安甚至南方一些城市打工去了。”

桐花沟独特的山川塬地貌，给种植业带来极大难度，但也正是这南高北低的地势，层次感强，成为一个观山赏景的天赐之地。程宏其说：“桐花沟东临流峪，背靠王顺山，空气清新，四季景色各异，是一个适合休闲养生的圣地。我们就一直在想能不能换一种思路，让贫瘠的山梁沟壑变成金山银山？”

新的思路催生新的变化。桐花沟的变化始于2016年。西安大东方文化旅游发展有限公司在桐花沟村注册成立，随后便积极参与到农村“三变”改革当中，以乡村公园规划作为切入点，全面与村集体合作社合作，将桐花沟村闲置资源盘活利用，帮助其进行市场化运作。

“乡村公园积极发挥岭塬相间、风景秀美的资源优势，探索落地了以农村集体经济组织为主要载体，让农民充分参与并受益，打造集农业示范园、民居改造、民宿产业、休闲旅游、产业融合等功能于一体的乡村综合发展模式。”“桐花乡约·乡村公园”省级农村改革试验区负责人辛晓红说。

统一设计，废旧民居摇身变成精品民宿

吹拂着秦岭山间的微风，踱步在富有风情的“桐花乡约”精品民宿间，中式传统的西北宅院煞是好看，或古朴简单，或内敛含蓄。

“这些古朴简雅的四合院落原本是村民闲置的住宅。村子成立了九间房镇桐花沟村股份经济合作社，将村民分两类纳入村集体经济组织，人口股村民享受集体公共建设项目带来的权益和分红；以资源入股的村民，将闲置民居、农业用地纳入集体经济合作社，民居改造修缮后进行民宿运营，既能享受民居租赁收益，又能享受运营收益分红。”

◇“桐花乡约”民宿

辛晓红说。

“桐花乡约”精品民宿的建筑风格分为中式传统四合院大宅和原生态民宅两种，室内设计均由知名设计师完成。客房配有公共厨房、共享咖啡书吧、菜园等设施，可供入住者享用。

更令人称叹的是，现在的桐花沟村统一由设计师进行规划设计，看似一幢幢简约朴素的关中民居，细观之后会发现其细节颇为用心。这里的民宿执行 7×24 小时精品旅游度假服务标准，设置运营总监、民宿管家、值班看守、厨房服务、客房清扫等岗位，制定了服务标准和流程，将高质量服务提供给每一位游客。

李小莉是桐花沟村的村民，她已经在精品民宿工作了大半年。她说：“打扫客房、喂鸡做饭，干的都是最熟悉的家常活计，不那么辛苦，每个月还能拿到 2000 多块钱的工资，再加上每年租地、分红的收入，比以前种地不知要强多少倍！”

“农村要实现高质量发展，不能仅仅依靠农民单打独斗。”辛晓红说，“以往，桐花沟村经济发展比较落后，往往以个体经营开发为主，在此基础上，整个村庄形成了以单一的农业种植为主的发展格局。现在通过乡村公园项目带动，将农业发展和旅游产业统一布局，形成产供销相结合的完整产业链，不仅能够促进村庄经济快速持续发展，而且能带动村民就业。”

改革促进，省级农村改革试验区项目带来新机遇

目前，“桐花乡约·乡村公园”正在申请省级农村改革试验区项目。随着乡村公园项目的全面扩展，民居改造、乡村体育、种植园、文化产业等板块也逐步建设起来。

在农业示范园区，绿油油的田间整齐地插放着“花椒园”“荞麦园”的牌子。极目远眺，远山和岭塬在眼前次第铺展开来。“村民们以前在这种土地上种植麦子收入很低，现在集中经营，改良育种，不但能吸引城里人来这里观光，而且能保证产出高效益的农作物，还不破坏原有的田园风光。”辛晓红说。

在辛晓红看来，“乡村振兴，振兴的不仅是经济，也是赋予乡村新的文化之魂，让村民们逐步发展成职业农民，让资本与智力下乡，激活乡村发展活力”。

随着项目的深入推进，“桐花乡约文化授业讲堂”“桐花乡约文化研学中心”等文化产业项目也初露峥嵘。“我们引进终南论坛，来自全国各地的专家学者齐聚‘桐花乡约’国家乡村公园，围绕文化景观、人类学、社会学、历史考古学、宗教艺术学等方向和领域，深入挖掘终南文化内涵，拓展终南文化外延。除此之外，还引入了传统书院、天文台等文化项目，同时挖掘村庄历史文化，提炼村庄文化价值，丰富文化产业的发展。”辛晓红说，“围绕乡村振兴，‘桐花乡约·乡村公园’要把农业变成产业，让农民不再为土地的产出而担忧；要把旅游变成文化，让每一个来过的人都恋恋不舍；要把旧居变成新邸，让村里的人都有更舒适的家园；要把民宿做成集群，让空心的村落不再冷清。”

智力下乡，讲述乡村振兴的好故事

如今的桐花沟，逐渐摆脱了贫困的桎梏，以崭新的面貌，向人们展示着乡村振兴的新希望。

水泥铺就的村道平坦宽敞，村道两旁种满漂亮的格桑花。房舍墙面统一刷白，上面画着优美的风景画。远远看上去，恍然以为走进了哪个江南小镇。村道两侧整齐的太阳能路灯，让整个村庄看起来具有别样的科技感。

“好环境，就是金饭碗。”这是桐花沟村一面白色墙体上的标语。村庄的变化，正是对这句标语最好的诠释。

“省级农村改革试验区项目申请下来后，我们将继续深入推进共赢、共产。通过‘农户＋合作社＋龙头企业’的方式，发挥‘三变’改革政策优势，实现农户就业便利、收入结构丰富、社会福利完善。同时，加强‘农业＋孵化器’作用，坚持农村一二三产业融合发展，以企业为主体引进高精深农业科技，带动村集体经济组织创业创新，不断延伸农业产业链，增加农业附加值。”辛晓红谈到她的愿景，“目前，项目二期建设的民宿多为长租制，通过吸引退休教授、高知在乡野定居，引得凤凰来，让村民在相处中发现与高知为邻的好，为

◇桐花沟村特色景观

乡村振兴发展注入智力资源。”

资本、智力下乡，激活美丽的“童话沟”，讲述了蓝田乡村振兴的好故事。

蓝田县农业农村局办公室副主任田鸿强说：“蓝田围绕产业兴旺、生态宜居、乡风文明、治理有效、生活富裕的总要求，把乡村振兴和脱贫攻坚结合起来，成立了乡村振兴领导小组，制定出台了《乡村振兴三年行动方案》。通过重点实施产业发展，在山区发展食用菌，在横岭发展奶山羊，在川塬发展设施蔬菜，形成‘一镇一业’发展格局。”

“以‘桐花乡约’项目为例，项目建成后，区域内经济发展方式实现转变，生态环境得到极大改善，农村产业呈现多元化，村集体经济发展壮大，农民收入持续增加，文明新风尚形成，社会和谐稳定，成为推进乡村振兴战略的又一个样板。”田鸿强说。

胡明宝 / 文

广东广州：

农村“靓”起来，美丽宜人更出彩

自然村生活污水收集和治理完成率为双 100%，农村无害化卫生户厕普及率达到 100%，100% 的村庄达到省定干净整洁村标准……一串串数字，是广州乡村人居环境蝶变的缩影。

近年来，广州市委市政府把农村人居环境整治作为工作重中之重，牢固树立“绿水青山就是金山银山”发展理念，严格按照中央和广东省的决策部署，坚持高位推动、城乡统筹、示范引领、问题导向、督导激励、农民主体，以建设美丽宜人、业兴人和的社会主义新乡村为目标，以“厕所革命”、污水治理、垃圾分类处理为突破口，以农房风貌提升、五个美丽建设为重要内容，持续改善、全域提升广州村容村貌，努力引领生态宜居美丽乡村建设出新出彩，着力探索超大城市城乡人居环境融合治理路径。

◇广州市增城区邓山村

农村人居环境整治带来幸福感

走进广州乡村，乡间公厕干净整洁，农家院落新颖别致，村容村貌显著改善。广州市将农村生活污水、垃圾治理、农村“厕所革命”作为重要民生工程和重点推进事项，重点打好农村“三治”组合拳，群众获得感、幸福感不断增强。

一是实现行政村生活污水治理全覆盖，全市累计铺设农村污水管网1.2万千米，自然村生活污水收集和治理完成率双100%。南沙区获评2020年全国农村生活污水治理示范县。

二是按需布局建设乡村公厕，实现市域全覆盖，全市累计建设农村公厕2094座，其中装配式公厕170座，农村无害化卫生户厕普及率达100%，厕所粪污基本得到有效无害化处理或资源化利用，率先在农村全域推行装配式公厕，有效化解农村公厕建设用地难问题。因此广州被评为“全国厕所革命先进市”。

三是生活垃圾处理体系实现全覆盖，村庄保洁覆盖面和农村生

◇广州市从化区西和村

活垃圾无害化处理率均达到100%。花都区被列入住房城乡建设部第二批农村生活垃圾分类和资源化利用示范县。

同时，“四好农村公路”实现建管护运，全市农村公路路面铺装率、列养率均为100%，自然村村内道路硬化率为100%。增城区获评全国“四好农村路”示范县。村庄绿化美化实现提质升级，广州因地制宜开展补绿建绿，清拆腾出地、村庄闲置地点缀建设“四小园”3598个。

乡村风貌变换新颜，广州组织规划师、建筑师、工程师及艺术家结对下乡，跟踪指导美丽乡村的规划设计和农民建房咨询等服务。村庄清洁有效覆盖，全面落实农户“门前三包”制度，建立村庄公共环境清洁制度，将农村人居环境整治提升、养成良好卫生习惯等纳入村规民约，有力推动了村庄清洁行动常态化、制度化。

美丽经济初步实现

以建设美丽乡村为杠杆，撬动乡村旅游美丽经济，广州通过挖掘村庄资源和优势，擦亮乡村亮点，科学合理选择建设路径和切入点，有针对性地进行开发建设，着力打造类型有别、韵味各异、特色鲜明的特色村庄和美丽乡村风景线，涌现出一批“网红小镇”和“网红民宿”，带动乡村特色产业和旅游业发展，村民就近就业，增加收入。

截至目前，全市100%村庄达到省定干净整洁村标准，85%的行政村达到省定美丽宜居村标准，160个省定特色精品村脱颖而出；建成374个市级美丽乡村，21个美丽乡村群初具规模，初见成效。从化区、增城区“水陆生态画廊”美丽乡村风貌带打造成型；从化区获得“中国最美乡村百佳县”“中国十佳绿色城市”荣誉称号。“全国环境整治示范村”“全国文明村”“广东十大美丽乡村”“广东美丽乡村特色村”争相涌现、星罗棋布，美丽乡村线路引人入胜、游客如鲫。

接下来，广州将继续依托乡村绿色生态资源及文化资源，盘活利用空闲农房、宅基地、撂荒地等，大力发展具有地域特色的精品民宿、乡村旅游等文旅业态，走出一条由美丽乡村向美丽经济转变的发展道路。

宋伊然 / 文

福建东山：
沙白林绿岛礁奇

"天蓝水碧海湾美，沙白林绿岛礁奇。"东山县地处东南沿海，是全国第六、福建省第二大海岛县，面积249平方千米，人口22万人，是谷文昌精神的发祥地。

多年来，东山以"绿水青山就是金山银山"实践创新基地为载体，着力生态发展之路，实现全岛绿化率超94%，环境空气质量优良率达99.5%，近岸海域一二类海水水质占比率92.6%，垃圾无害化处理率100%。

木麻黄下，红色光辉照后人

"看见木麻黄，想起谷文昌。"新中国成立前，东山海岛生态脆弱、发展落后、风沙肆虐，"四有"书记谷文昌同志带领东山人民战天斗地14年，植下8.2万亩木麻黄，改善生态、拔掉穷根。"为子孙后代建起一道沿海防护林，在老百姓心中树立一座不朽的丰碑”，东山群众每到清明“先祭谷公、后拜祖宗”，感恩谷公之情，不忘生态之本。

“绿水青山就是金山银山。”进入新时期，东山更加呵护生态、重视生态、建设生态，突出“一个愿景”，以生态引领发展始终；建好“二套机制”，为生态建设强化保障；调和“三色基调”，为发展打好生态基础；打通“四个通道”，为产业提升“生态 +”效益，生态发展之路越走越宽阔。

在一代代东山人的不懈努力下，东山的森林覆盖率从 0.12% 增长到现在的 27.86%。2012 年以来，东山地区生产总值年均增长 9.7%，城乡居民人均纯收入分别增长 9.3%、10.4%。作为全国首批海洋生态文明示范区和全国防沙治沙综合示范区，东山五次蝉联全国深呼吸小城 100 佳，获得“全国候鸟旅居小城”“中国十大美丽海岛之首”等一系列荣誉。

生态故里，绿岛蓝湾新家园

东山把生态作为“生命线”，爱护生态犹如爱护生命。海岛处处披绿装，“每年至少投入 5000 万元、绿化 1 万亩”，将 3 月 12 日“植树节”拓展为整月“植树月”，三年来累计投入 1.9 亿元造林近 2 万亩，全岛绿化率超 94%。2020 年有林业用地 10 万亩，生态林 7 万亩，木麻黄种植 1.6 万亩，各类森林蓄积量 37 万立方米，环境空气质量优良率达 99.5%。

海湾绵绵滚蓝潮，作为福建省重点打造的“六湾区”之一，东山以实施海湾、海滩、海岛、海水、海砂等“五海”保护为抓手，为

◇东山风光（图片来源：东山县人民政府网站）

◇东山风光（图片来源：东山县人民政府网站）

湾区经济赋能，为蓝色产业强基。东山率先在全省划定海洋生态保护红线，划设高潮位内侧200米限建区。3年来，清退或迁移对面屿等无人岛周边渔排超3.5万格，让“无人岛有人管、有人治”。

城乡年年换新颜，着眼“生态宜居、暖色家园”，东山全力建设饮水安全网、环卫保洁网、污水处理网“三张网”。投入5.6亿元建设岛外引水第二水源工程，投建日产5万吨的第二水厂，完成红旗水库870余人搬迁安置，从源头上保护了东山唯一水源地生态水质安全。新建长山尾等3个污水处理厂，铺开建设134千米污水管网和16座污水提升泵站，形成覆盖全岛、城乡一体的污水收集系统。

产城之间，金波银潮滚向前

东山把生态作为“发展轴”，始终走生态发展之路。水产跨向“精深”，海水养殖产量 27 万吨，水产品出口多年位居全国县级前列。建成了全市最大远洋捕捞船队，2019 年年产量 3.4 万吨。全县电商企业 154 家，2020 年电商交易额 24 亿元，同比增长 32%。

农业迈向“特色”，用好国家现代农业示范区、省市农民创业示范园等平台发展现代特色农业，引入推广青枣、莲雾等优新水果种植，带动农民就业增收，建成 2 个农业标准化示范区，拥有无公害、绿色食品生产基地 2 万亩。2020 年，农村居民人均可支配收入达 24141 元，多年稳居漳州全市第一。

工业转向“集约”，实施“退城入园”，推进企业集中排放、集约发展；实施“三高禁入”（高污染、高耗能、高排放）。加快产业转型，3 年来累计投资 55 亿元实施 134 个工业和技改项目，12 家企业列入省级技术创新和“两化融合”项目。

旅游走向“生态”，谋划“一带、两点、全域”的生态旅游格局，成功举办环东山湾汽车拉力、帆船帆板、国际半程马拉松等赛事活动。近年来，游客人数、旅游收入以年均 20% 的速度高位增长。2020 年，全县接待游客 463 万人次，实现旅游收入 49 亿元。

蔡茂楷 / 文

黑龙江：

因地制宜推进农村人居环境整治

黑龙江各地在推进农村人居环境整治行动中，从当地实际出发，因地制宜采取措施，针对农村垃圾处理、污水处理、秸秆综合利用、“厕所革命”等问题探索出高效适用的方法，人居环境整治正给乡村注入生机和活力。

庆安县同发村以前的道路都是泥土道，一下雨就出不了门，家家都必备胶靴，外来的车辆也进不来。如今道路平整了，路两边完善了绿化，村民家门口都栽植上花木，村里光休闲广场就有好几处，2016 年还被评为了“全国文明村”。

同发村党支部书记孔庆范介绍说：“村里采取村民民主管理，村干部带领村民干，农户门前‘五包’治理环境。统一垃圾收集，村民家的垃圾集中清运，生活垃圾可分类回收卖钱，建筑垃圾拉到田间地头可进行道路维修。2019 年村里也将按照‘乡村振兴战略’要求逐步实施，自己有信心、有责任把家乡建设得更好。”

庆安县农业农村局局长孙合江说，近年来，庆安县不断加强基

◇庆安县修筑的节水灌溉渠（图片来源：庆安县人民政府网站）

础设施建设。重点围绕路树沟桥、房厕水能、灯箱栏垛、门院场坑、环境卫生、文化内涵、村级活动场所等方面，强化基础设施建设。经过多年的实地实践和经验总结，探索出适合庆安县农村环境卫生日常管护的“四种模式”：城市管理模式，庆安镇保安村引进专业物业公司进行管理，农户交纳物业管理费用，环境卫生统一管理；社区管理模式，平安镇民族村突出社区服务，成立志愿者队伍服务管理；集体管理模式，吉安村和曙光村以村集体为主，以村民为辅，共同出资雇专人管理；自主管理模式，同乐镇同发村发挥基层党组织作用，村屯干部带头，群众自主参与管理。同时，制定村规民约，做到“院内有筐、路上有车、屯外有坑”，建立长效管理机制，实行常态化管理，做到垃圾有人管、有车运、有处放。垃圾得到了有效分类处理，才能使农村环境卫生得到改善。

铁力市在全市 8 个乡镇新建了 17 个垃圾压缩中转站。每个垃圾中转站可辐射周边 5 至 6 个行政村，日可压缩处理农村生活垃圾 20 吨。新购置了卫生桶 6000 余个，全市农村平均每 4 户居民配置 1 个卫生桶，实行垃圾集中堆放，便于收集转运。两年来，垃圾中转站共压缩转运生活垃圾近 1.2 万吨，全部运至铁力市垃圾处理厂集中处理，有效控制了农村垃圾从产生到储运环节对环境的污染。今年，铁力市计划再建设 3 个垃圾中转站，进一步扩大垃圾中转站的辐射范围，同时更新卫生桶 5000 个。截至目前，铁力市已实现了全市 76 个行政村垃圾桶、运输车、中转站全覆盖，农村生活垃圾收集率和处理率分别达到 90% 和 100%。

永丰村建成了铁力市第一个阳光堆肥房，垃圾处理员将上门收取的垃圾运送至堆肥房内，对可回收的垃圾喷洒药剂，利用化学作用进行堆肥处理，以实现垃圾的资源化、无害化，切实改善农村环境。村支书崔达东说，永丰村通过建设低成本的堆肥房，把初步分类好的可利用垃圾处理成有机肥料，让垃圾变废为宝。40 平方米的阳光堆肥房，投入成本为 45000 元，收集的垃圾经处理后生物发酵，能变成有机肥，可覆盖约 130 户村民。为了培养村民垃圾分类的习惯，村子里专门购置 130 个专用垃圾桶，无偿发放给村民使用，并且定期宣传推广垃圾分类的益处。

嘉荫县围绕“生态美、环境优、档次高”的目标，倾力打造一批生态宜居、魅力宜游、统筹发展的具有人文特色的美丽乡村。着眼农村长远发展趋势，推进城乡融合，县域统一谋划、乡镇连片推进、农村整体实施。嘉荫县聘请高资质、高水平的规划设计院分年度、分批次对各镇总体规划、各乡建设规划、各行政村建设规划进行了编制，各乡（镇）、各行政村均已编制完成并实施，实现了乡镇规划全覆盖。2018 年，嘉荫县对 7 个行政村编制完成了美丽乡村建设规划。2019 年计划编制完成县域乡村建设规划。全县以美丽乡村建设为主线，按照《农村人居环境整治三年行动方案》部署要求，以“集中攻坚、全面推进、打造亮点”为方向，“规划引、整体推、重点抓”三措并举，高站位、精谋划、稳推进，扎实推进农村人居环境整治，使农村面貌焕然一新。

红光乡燎原村紧靠国家级 AAAA 旅游景区恐龙国家地质公园和县农业科普示范园。红光乡提出“新农村建设示范区、现代农业观光区、民俗风情体验区、旅游餐饮服务区”四区同创的建设理念，先后建设完成了居民住宅楼 8 栋、独体别墅 6 栋，新农村建设示范区初步形成；与县农业局合作，建设了集蔬菜瓜果采摘、花卉观赏、亲子体验及餐饮服务为一体，占地 6 万平方米的农业科普示范园，打造了现代农业观光区；建设了 2 万平方米的民俗风情广场 1 处、演出舞台 1 个、荷花景观池 1 处，并配套完成了附属设施建设，打造了民俗风情体验区；进一步整合汪家大院、荷花渔村、冀龙度假村等 11 家旅游服务资源，打造了旅游餐饮服务区。

据统计，燎原村年均接待游客 2 万余人次，旅游收入实现 200 余万元。燎原村村主任孙成文介绍说：“村内成立了物业公司，设

◇嘉荫县农村新貌（图片来源：嘉荫县人民政府网站）

立了专职保洁队伍，建立了一套行之有效的垃圾清运、卫生管理的长效机制，并积极开展‘厕所革命’，完成了排水管网、检查井、化粪池的建设，人居环境得到改善后，全村要大力发展乡村旅游。”

刘伟林 / 文

吉林：

昔日干旱少雨风沙大，今日屯净地绿村庄美

经过几年的努力，吉林省双辽市从一个常年干旱少雨、风沙大的西部县份，变成了“屯净、地绿、水清、路畅、村美”的美丽乡村。

整齐划一的院落，郁郁葱葱的山楂树，文化气息浓郁的围墙，洁净笔直的柏油马路……全国乡村治理示范村王奔镇宝山村开展了“美丽庭院、干净人家”创建评比活动，打造了一批卫生整洁、环境优美、家风和谐的农家小院；卧虎镇东兴村将“十户联保”管理工作机制运用到环境整治、秸秆禁烧、疫情防控和社会治安综合治理等工作中，大大提升了治理能力和水平；卧虎镇协力村大力推行易学易懂的垃圾分类“六归法”，村民们养成了良好的卫生习惯，成为双辽市首批打造的农村生活垃圾治理“双辽模式”试点村。村民张老汉说：“六归法易懂好学，将村里的垃圾分类堆放运走，村子干净整洁了，我们住着也舒心。”

双辽市的农村正在由从前的“脏、乱、差”向现在的“绿、净、美”转变，这也是吉林省农村人居环境整治工作的一个缩影。

上下联动，农村人居环境整治工作成效显著

吉林省委、省政府高度重视农村人居环境整治工作，省、市、县三级成立了领导小组，“一把手”亲自挂帅，上下联动、试点先行、压茬推进，取得了积极成效。

吉林省村庄清洁行动覆盖面达到100%，累计清理农村生活垃圾517.6万吨，清理畜禽粪污1775.1万吨，清理农村道路21.6万千米，清理整治柴草垛57.4万个，拆除各类废弃建筑物23.4万处，清理整治庭院236万户。

吉林省本着“宜水则水、宜旱则旱”的原则，重点推广生物降解、堆肥式等无害化卫生旱厕。2019年，全省30万户农村厕所改造任务已完成。

以县（市、区）为单位，采取政府购买服务或城乡一体化处理模式，建立起户分类、村收集、镇（乡）转运、县处理的农村生活垃圾处理方式，从源头上解决垃圾随意倾倒问题。截至2020年6月，全省已有44个市、县，7904个行政村建立了生活垃圾收运处置体系，占全省行政村的84.6%，建设运行转运站370座，购置环卫车辆2218辆，配备垃圾收集设施57.02万个，平均月收运处理生活垃圾11.18万吨。

着力推进重点镇、辽河等重点流域乡镇生活污水处理设施建设，实行稳定运行。将农村水环境治理纳入河长制湖长制管理，在《吉林省2020年河长制湖长制考核细则》中独立设置1项“推动农村水

环境重点问题治理”重点任务，以房前屋后河塘沟渠为重点实施清淤疏浚，恢复水生态。全力推进114个重点镇和重点流域及常住人口1万人以上的乡镇生活污水有效治理。

突出畜牧业大县和“十河一湖”流域畜禽粪污的资源化利用，重点推进12个畜牧业大县，尤其是8个国家整县推进试点县的畜禽粪污资源化利用。规模养殖场粪污处理设施装备配套率达到96.3%，大型规模养殖场粪污处理设施装备配套率为100%。全省累计建设区域性粪污处理中心85个，升级改造规模养殖场3911个。

按照“五美”“五净”要求，2019年，全省打造美丽庭院、干净人家20万户，打造农村人居环境整治AAA级标准示范村2000个，打造高效农业引领型、三次产业融合型、农村生态保护型、古村落整理修缮型、环境整治提升型、民俗文化传承型、名景古迹挖

◇双辽整洁的道路

掘型、乡村旅游打造型、历史名人弘扬型、传统农耕展示型等10种类型美丽乡村113个。

典型带动，农村环境整治各项工作全面开花

双辽市位于吉林省西部，自然条件相对较差，是传统的农业县。市委、市政府从治脏、治乱、治差入手，大搞垃圾污水治理，推进厕所革命，全面整治农村环境，建设美丽乡村，实现了“屯净、地绿、水清、路畅、村美”。全市完成农村危房改造5100户，农村安全饮水工程实现全市206个村全覆盖，新建翻修村部135个，新建农村文化广场150个，2019年和2020年累计投入5100万元，改厕12000户，创建美丽庭院7700个、干净人家2.4万户，全市累计打造省级美丽乡村18个、四平市级美丽乡村53个，创建双辽市级百村示范村45个。

小厕所凸显大民生。洮南市以开展村庄清洁行动和厕所革命为突破口，整体提升农村人居环境。洮南市积极培育本地改厕企业，实现就近加工、就近安装。2019年，率先在全省完成当年建设任务。为了加强后期管护，提高使用效率，改厕企业还配备吸污泵、吸污车，及时对粪污进行清掏，实现粪污资源化利用。

畜牧经济占据了乾安县农业经济的“半壁江山”，“牛羊村里乱窜，牲畜粪便遍地”是乾安县曾经的真实写照。为持续优化提升农村人居环境，乾安县开展了以“牲畜出村、人畜分离、小区养殖”为主题的村屯环境深度整治。本着“地类允许、环保合规、就近安置、提倡多村联建”的原则，将全县103个牧业小区纳入规划。经过两年多的先行先试，全县5530个养殖户已完成搬迁，出村率达63%。如今，走进乾安县农村，村路笔直，庭院雅致，绿树环绕，一幅生态

宜居的田园美景呈现眼前。

东丰县以村为基本单元，以家为最小细胞，以清洁为工作标准，全县 14 个乡镇、229 个行政村、9 万户农户全面开展村庄清洁行动。通过开展万名干部进万户行动、“美丽庭院、干净人家”授牌行动和村民自筹示范行动“三个行动”，实现了家家干净；通过集中治理柴草乱堆、集市乱摆、空地乱占三个顽疾，实现了村村干净；通过建立投入、服务、执行“三项机制”，实现了全域长久干净。2019 年，东丰县被评为“全国村庄清洁行动先进县”。

高位推动，坚决打赢农村环境整治这场硬仗

2020 年 6 月 22 日，吉林省委十一届七次全会要求集中力量补齐全面小康“三农”领域短板，加快率先实现农业现代化，决定实施农业农村现代化“十大工程”，这其中就包括加快推进农村人居环境整治，提出全面落实“三清一改一建”任务，每年创建农村人居环境整治 AAA 级标准示范村 2000 个，加大农村户用卫生厕所改造投入和工作力度，到 2022 年农村户用卫生厕所普及率达到 85%……为全省农村人居环境整治工作吹响了冲锋的号角。

自 2018 年开始，吉林省连续 3 年机制化、常态化在 7 月份召开农村人居环境整治全省性会议，省长亲自督战，树典型、讲经验、提要求、强措施，全力推进。

2020 年是全面建成小康社会决胜之年，也是农村人居环境整治 3 年行动收官之年。7 月 15—16 日，吉林省省政府在双辽市召开了全省农村人居环境整治现场会，要求各地紧扣攻坚目标，采取超常举措，着力打好整治收官战，务必攻坚全胜。

紧扣村庄清洁，着力改善村容村貌。彻底清理死角盲区，突出柴草垛、废弃建筑物、畜禽粪堆、私搭乱建、公路两侧、沟塘林带等重点部位，确保见底色、清彻底、真干净。7月底前沟塘林带要“清仓见底”，9月底前要完成庭院整治。全力引导农民群众改变不良生活习惯，加快农村一、二、三产业融合发展，通过发展农家乐、采摘园、民俗游、康养游、休闲游等新业态新模式新产业，让美丽农村变成人人向往的地方。

紧扣垃圾治理，着力整治垃圾污染。强化“收运”这个基础保障，把握“处置”这个关键环节，突出“无害化”这个核心要求，上下联动、一体谋划、全链条推进。以县为单位，探索建立垃圾生态处置循环系统。同时，加快推进垃圾分类和秸秆综合治理，加快垃圾回收利用体系建设，大力推广秸秆还田保护性免耕技术，研究相关解决措施，既

◇美丽的庭院

要确保秸秆露天焚烧管得住，又要为秸秆综合利用找出口。

紧扣污水治理，着力修复农村水生态。污水处理是治理“重点”，全省要建设114个重点镇、重点流域常住人口1万人以上乡镇污水处理站。要以县域为单位，编制好农村生活污水治理专项规划，优先解决乡镇所在地、中心村、生态敏感村庄的问题，与厕所改造、环境整治、生态农业等统筹推进。农村黑臭水体是治理“痛点”，坚持疏堵并举，工程化、生态化并重，源头治理、综合施策。畜禽粪污是治理“难点”，重点抓好畜牧大县和重点流域治理，新建规模化养殖场必须配套建设畜禽粪污贮存、处理、利用等设施。优先考虑通过种养结合、种养平衡，推动畜禽粪污无害化就地就近还田利用。

紧扣厕所革命，着力抓好农村改厕。要尊重农民意愿，绝不能违背农民意愿强拆强建。吉林省要求全省各地要倒排工期，抢抓进度，昼夜兼程，确保农村改厕如期保质完成。要确保改厕质量，坚持建设与验收同步推进，新厕达标后，旧厕要及时拆除。各地要搞好对接、抓好培训、全面落实。

闫红玉 / 文

江苏：

书写新时代“鱼米之乡”辉煌篇章

江苏既是经济大省，也是农业大省，素有“鱼米之乡”的美誉。长期以来，尤其是党的十八大以来，全省上下以习近平总书记视察江苏时的重要讲话精神为遵循，在保持经济社会平稳较快发展的同时，开启率先实现农业农村现代化的新征程，形成了现代农业多项指标全国领先，生态、经济效益互促并进，工农、城乡差距不断缩小的良好格局。

江河湖海汇聚，山川草木秀美。在中国乃至人类农耕文明史上，江苏一直占有重要地位。“江”字饱含的水韵灵动，“蘇”字彰显的物产富庶，向世人展示着“鱼米之乡”的生动与美好。

江苏自古便是天下粮仓，进入新时代，更是把保障粮食等重要农产品有效供给作为三农工作的头等大事来抓，推动粮食产能稳步提升。全省粮食产量已连续7年超700亿斤，创造了人口密度最大省份口粮绝对自给、总量平衡有余的辉煌成绩。习近平总书记称赞“这

◇江苏高标准农田项目区夏收现场

对一个东部沿海省份来讲很不简单”。

牢记嘱托，在率先实现农业农村现代化征程上，江苏不断实现新的跨越。全省高标准农田比重达65%，受国务院表彰激励；农作物耕种收综合机械化率达80.4%，在全国率先实现整省粮食生产全程机械化；农业科技进步贡献率70%，高出全国平均近10个百分点；城乡居民收入比缩小到2.19∶1，3/4的设区市比值已经降至2以下……一串串喜人数字的背后是江苏贯彻新发展理念的具体实践，是为全国探路、提供示范样本的使命担当和不懈努力。

从“会种地”到“善种地”——科技创新引领现代农业筑高地

“过去种地是体力活，如今大活小活都有机器干，把地种好还得靠科技！”江苏省句容市纪兵农机合作社理事长谢纪兵一边遥控着植保无人机进行小麦赤霉病防治一边说，“用传统的手动小喷雾器打药，一人一天最多也就打十几亩，现在一架无人机每天能作业三五百亩。效率高，人轻松！”

江苏连续多年将农业物联网技术纳入农业重大技术推广计划，新一代信息技术和传感器等智能装备已在设施栽培、畜禽养殖、水产养殖、大田种植等农业领域广泛应用。全省规模设施农业物联网技术推广应用面积占比达 22.7%，累计建成全国农业农村信息化示范基地 12 家、省级基地 412 个，有 64 项新成果入选全国数字农业农村新技术新产品新模式优秀案例。

吴江国家现代农业产业园的示范“无人农场”是江苏大田智能种植的排头兵，利用 5G 通信技术和基于北斗卫星的农机自主导航、精准控制技术等，实现耕、种、收的全程无人机械化，节省人力成本 45%、燃油成本 20%，增产 10% 以上。

江苏以占全国 3.4% 的耕地，生产了全国 5.6% 的粮食、7.6% 的蔬菜、3.5% 的肉类，持续开展种业科技创新、品种选育，保障良种供应能力。“十三五”以来，全省共选育审定主要农作物新品种 200 个，其中稻麦品种优质率达到 95%，良种推广率超过 90%，国家级保种场和基因库数量均位居全国第一。由江苏省农科院选育的南粳系列优良食味水稻品种，荣获国家、省级荣誉称号 30 多个，迅速成为南方粳稻区优质米品牌的主力品种，累计推广面积近 8000 万亩。

◇国家现代农业产业园智慧农业控制中心

江苏涉农高校和农业科研院所数量位居全国前列，为整合科技创新资源，全省跨学科、跨部门、跨领域搭建平台，集聚人才，着力提升农业科技支撑能力。从20世纪90年代开始大力实施农业“三新工程”，推进新品种新技术新模式集成创新，到2017年组建省级现代农业产业技术体系，数万名农技专家和推广人员长期进村入户、入企入棚，活跃在田间地头，借助科技服务云平台——农技耘APP全天候在线服务36万农户，帮助打通农业科技创新与成果转化的“最后一公里”。

坚持科技引领，构筑发展高地，一批国家级农业科创殊荣纷纷花落江苏。南京国家农创园是农业农村部在全国布局的第一个国家级农业科创中心，按照“五中心一硅谷”定位，园区招才引智，打造了全国唯一的农业集群式院士创新基地；南京国家农高区是国务院批复的全国首批两家国家农业高新技术产业示范区之一，运营以来紧扣智慧农业主题，在先进技术示范、科技振兴乡村等领域不断取得新突破。

从“钱景”到“前景”——生态优先走出绿色发展新路径

淮安市淮安区施河镇侯庄村村民林民，是在全区较早尝到发展生态农业甜头的种粮大户。自从和江苏省农科院合作，开展稻麦肥药减量与周年高产高效集成技术项目，他的经营思维就从“钱景”转向了“前景”。

林民算了一笔账：通过实施稻鸭共作，水稻价格每斤至少卖到7元，每亩节省化肥、农药各30元，加上“稻田鸭”的效益，一亩稻田足足可以增收1500元。2020年，林民家的“稻鸭米”上市不久就销售一空，今年他将种植面积从 200 亩扩大到了 520 亩。“地要种好，环境更要保护好，只有这样，农业才能有更大的发展空间！”林民乐呵呵地说。

绿色是乡村底色，农业是添绿产业，农业生产不仅要算经济账，更要算生态账。江苏始终把绿色生态理念贯穿农业农村发展全过程、各方面，坚持走可持续发展之路，促进农村生产、生态、生活深度融合。

为降低资源环境负荷，江苏首先在农业投入品使用上做好“减法”。持续推动测土配方施肥由粮食作物向粮经作物并重转变、向果菜茶等经济作物拓展，大力实施千村万户百企化肥减量增效行动，示范推广水稻侧深施肥、水肥一体化、缓控释肥等技术模式；深化农药零增长行动，实行农业、物理、生物防治相结合，普及绿色防控技术和产品、高效植保机械、专业化统防统治。2020 年，全省化肥施用量较 2015 年减幅超过 10%，农药使用量减幅超过 13%。

推进农业农村绿色发展，江苏在控总量、调结构的同时，综合用好“加法”“乘法”“除法”，着力培强生态富民产业，拓展生态循环农业多元路径，打造美丽乡村。

全省不断增加优质绿色农产品供给，已形成优质稻麦、绿色蔬

◇游人如织的农家乐景区

菜、规模畜禽等8个千亿元级优势特色产业；具有一定规模的休闲旅游农业园区景点超1.2万个，2020年接待游客2.6亿人次，综合经营收入超800亿元；全省农产品网络营销蔚然成风，2020年销售额达843亿元，连续多年保持25%以上的高增速。

转变农业生产方式是构建农业农村绿色发展体系的必然要求，江苏正加快建立并持续拓展生态循环农业三大发展模式。种养“外循环”，即引导养殖集中区建立适度规模的粪污集中处理中心，促进粪肥科学还田；农田“内循环”，即在太湖地区率先试点探索高标准生态农田建设，对农田灌排系统实施生态化改造，实现农田退水生态净化或循环利用；区域“大循环”，即试点整村推进生态循环农业发展，突出“生态兴业、生态强村、生态富民”，打造绿水青山就是金山银山的鲜活样板。

◇水稻专家在一线指导生产

◇现代农业产业示范园育苗中心

在打造美丽田园乡村上，江苏围绕农民群众最关心、最迫切、最眼前的生活环境问题，以“四清一治一改”为重点开展农村人居环境整治，全域提升村容村貌。农村无害化卫生户厕普及率超

95%，生活垃圾集中收运率超99%，生活污水处理设施行政村覆盖率达74.6%。全国休闲旅游农业示范县等“国字号”数量全国第一。

从“以城带乡”到“乡村振兴”——城乡融合掀起乡村建设新高潮

江苏在全国较早形成“以工促农、以城带乡”的发展格局，早在20世纪80年代中后期，凭借乡镇企业在全国率先“异军突起”的优势，就开始了“以工促农”的实践。1990年以后，苏南地区开始实行“三集中”发展模式，即工业向园区集中、农民向城镇集中、居民向新社区集中，城市对农村的辐射带动作用日益凸显。

进入新时代，在乡村振兴战略引领下，江苏积极顺应工农城乡关系的发展演变，把乡村建设摆在社会主义现代化建设的重要位置，着力推动城乡深度融合发展，工农互促、城乡互补的新型城乡关系渐入佳境。

“十三五”期间，江苏相继出台了乡村振兴战略意见和规划、乡村振兴十项重点工程、《中国共产党农村工作条例》省委贯彻实施办法等重大政策文件，并启动乡村振兴督查和实绩考核，硬招频出，对标对表推动乡村振兴走在全国前列。

盐城市大丰区刘庄镇是全国重点镇、江苏省重点中心镇。镇党委书记黄磊说，“连城就乡”推进新型农村社区建设，已成为全镇转变农民生产生活方式、加快城乡融合、促进乡村振兴的重要方向。以友谊村为例，新建社区临近204国道、老村庄、大丰火车站、镇政府和镇工业园，农家书院、便民超市、医务室、党群活动中心等配套设施和服务一应俱全，实现了搬迁农民生产、生活、就业“三便利”“三提升”。

◇盐城市大丰区新型农村社区

友谊村的新型农村社区建设只是江苏大力实施乡村建设行动的一个具象。近年来，全省加快推动基础设施向农村延伸、公共服务向农村覆盖，持续推进苏北农房改善产业配套，把产业发展与农房建设工作同步规划，支持农房改善区建设小微企业、农民返乡创业园，确保农民搬得进、住得好、能致富。

江苏将工业化思维、市场化办法加快引入农业农村领域，吸引更多资本投入乡村振兴，推动村企要素互换、供求互补，专门编制“十四五”农业农村重大项目投资规划，建立省市县三级农业农村重大项目储备库。2020 年，1086 个农业农村重大项目开工建设，当年完成投资 1077 亿元，覆盖现代种养、农产品加工流通、农业现代服务、农村人居环境改善和农业基础设施等领域。2021 年预计开工重大项目 1200 个以上、总投资超 1700 亿元。

全面推进乡村振兴离不开金融“活水”支持。截至目前，江苏省农业农村厅与 11 家银行签署了战略合作协议，3 年内将向农业农村领域授信 16500 亿元；设立江苏省乡村振兴投资基金，首期总规模 100 亿元。

乡村振兴，人才是关键。江苏整省推进高素质农民培育，每年培育新型职业农民 20 万人。目前，全省拥有家庭农场 17.5 万家，农民合作社 8.5 万家，省级以上农业龙头企业 897 家，返乡下乡创新创业人员超过 40 万人。2020 年，全省农村居民人均可支配收入达 24198 元，增幅连续 11 年高于城镇居民。

“潮平两岸阔，风正一帆悬。”1000 多年前，唐代诗人王湾途经江苏，以一篇《次北固山下》描绘出大江直流、水天一色的磅礴美景。今天，江苏以习近平新时代中国特色社会主义思想为指引，加快促进农业高质高效、乡村宜居宜业、农民富裕富足，摹画出的三农新画卷则更加波澜壮阔、美丽动人！

陈　兵　李文博／文